大学生体质健康教育与促进研究

吴凤彬 著

中国书籍出版社
China Book Press

图书在版编目 (CIP) 数据

大学生体质健康教育与促进研究 / 吴凤彬著. -- 北京 : 中国书籍出版社, 2020.11
ISBN 978-7-5068-8117-3

Ⅰ. ①大… Ⅱ. ①吴… Ⅲ. ①大学生 – 身体素质 – 健康教育 – 研究 Ⅳ. ① G807.4

中国版本图书馆 CIP 数据核字（2020）第 226622 号

大学生体质健康教育与促进研究

吴凤彬　著

丛书策划	谭　鹏　武　斌
责任编辑	盛　洁
责任印制	孙马飞　马　芝
封面设计	东方美迪
出版发行	中国书籍出版社
地　　址	北京市丰台区三路居路 97 号（邮编：100073）
电　　话	（010）52257143（总编室）　（010）52257140（发行部）
电子邮箱	eo@chinabp.com.cn
经　　销	全国新华书店
印　　厂	三河市德贤弘印务有限公司
开　　本	710 毫米 ×1000 毫米　1/16
字　　数	188 千字
印　　张	14.5
版　　次	2023 年 1 月第 1 版
印　　次	2023 年 1 月第 1 次印刷
书　　号	ISBN 978-7-5068-8117-3
定　　价	75.00 元

版权所有　翻印必究

目 录

第一章 大学生体质健康概述 ……………………………… 1
- 第一节 体质与健康 …………………………………… 1
- 第二节 社会健康教育宏观环境 ……………………… 8
- 第三节 我国大学生身心特点与体质状况 …………… 19
- 第四节 大学生体质健康影响因素分析 ……………… 25

第二章 新时代大学生体质健康教育发展展望 …………… 30
- 第一节 运动促进健康的原理与现实意义 …………… 30
- 第二节 大学生体质健康教育新理念 ………………… 49
- 第三节 大学生体质健康教育新政策 ………………… 53

第三章 大学生体质健康教育创新服务体系构建 ………… 59
- 第一节 大学生体质健康科学监测 …………………… 59
- 第二节 大学生体质健康家校合作共育 ……………… 68
- 第三节 大学生体育网络服务平台构建 ……………… 75

第四章 大学生体质健康的教育干预 ……………………… 80
- 第一节 大学生体质健康教育的目标与要求 ………… 80
- 第二节 大学生体质健康教育的原则与方法 ………… 83
- 第三节 大学生体质健康教育课程设置与完善 ……… 90
- 第四节 大学生体质健康管理 ………………………… 95
- 第五节 大学生健康咨询与专题健康教育 …………… 102

第五章 大学生体质健康教育的科学理论指导 …………… 108
- 第一节 体育健身的科学营养与健康饮食 …………… 108
- 第二节 体育健身的运动损伤与疾病处理 …………… 119

第三节　大学生体育健身计划的制订……………………126
　　第四节　大学生健康运动处方的制订……………………130
第六章　大学生体质健康教育与生理健康促进…………………138
　　第一节　体育健身的生理学基础…………………………138
　　第二节　体育健身对大学生生理健康的积极影响………141
　　第三节　大学生体质体能教学与训练指导………………142
　　第四节　大学生健康形体塑造与康复训练………………158
第七章　大学生体质健康教育与心理健康促进…………………166
　　第一节　体育健身的心理学基础…………………………166
　　第二节　体育健身对大学生心理健康的积极影响………175
　　第三节　大学生运动心理能力与素养培育………………182
第八章　大学生体质健康教育与社会性促进……………………193
　　第一节　体育健身的社会学基础…………………………193
　　第二节　体育健身对大学生社会适应性的积极影响……202
　　第三节　大学校园体育文化环境建设……………………213
　　第四节　大学生社会体育活动的积极参与及融入………218
参考文献……………………………………………………………221

第一章 大学生体质健康概述

高校教育的使命是培养全面发展的高素质人才,而体质健康是高素质人才服务于国家和社会的重要基础保障。因此,政府和社会高度关注大学生体质健康状况。但近年来我国大学生体质健康状况不容乐观,多项体质指标的测试结果都不太理想,体质水平整体呈下降趋势,这对大学生自身及国家和社会的发展都很不利,必须高度重视这一问题。本章在阐述体质与健康基本知识的基础上,主要结合社会背景对大学生体质状况及影响因素进行分析,以期为改善我国大学生体质健康状况提供现实依据与理论参考。

第一节 体质与健康

一、体质

(一)体质的概念

体质是人体的质量,是基于遗传性和获得性而表现出来的人体形态结构、生理功能和心理因素综合的、相对稳定的特征。[①]

从体质的概念中可以看到,遗传因素在体质形成中占有重要地位,人的体质在遗传基础上拥有了发展的可能性。除遗传因素外,环境对人类的生存、发展和变化又有重要影响,因此,也是影

---

① 毛亚杰.大学生健康教育[M].北京:北京理工大学出版社,2014:2.

响体质的一大重要因素。

（二）体质的结构

体质是一个由多要素组成的综合系统。体质的构成要素是分层级的，如一级要素包括体格、身体机能、体能、适应能力以及精神状态，二级要素基于一级要素而划分，完整的结构如图 1-1 所示。

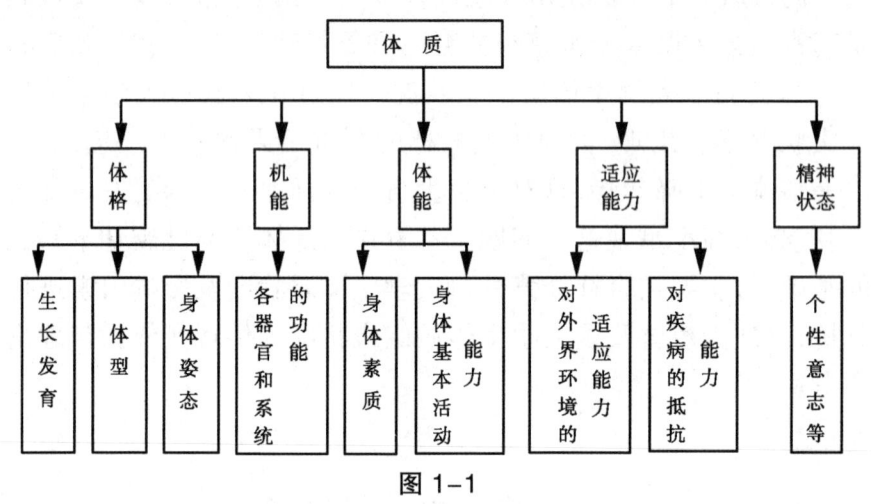

```
                          体 质
    ┌──────┬──────┬──────┬──────┬──────┐
   体格   机能   体能   适应能力  精神状态
 ┌──┼──┐   │   ┌──┴──┐  ┌──┴──┐    │
生 体 身   各   身   身   对   对   个
长 型 体   器   体   体   外   疾   性
发    姿   官   素   基   界   病   意
育    态   和   质   本   环   的   志
          系       活   境   抵   等
          统       动   的   抗
          的       能   适    能
          功       力   应    力
          能            能
                       力
                       的
```

图 1-1

二、现代健康观

（一）健康的含义

健康在人类生命史上一直都是深受人们高度关注与重视的话题之一。所有人都追求健康，人们习惯上将健康与幸福联系起来，而且在社会进步的评价中，也常常将人民群众健康水平作为一项重要评价指标。人们好像非常熟悉健康，却很少有人知道什么是真正的健康。

健康与疾病是两个对立统一的生命活动现象。健康的概念具有动态性。在不同历史时期，因为社会生产力水平、科技水平以及文化与观念的不同，所以人们对健康的认识以及人们的健康水平也是有差异的。人类对健康的认识是一个循序渐进和不断提升与完善的过程,人们健康认知水平的提高主要是社会发展、科技进步、观念更新等多方面因素共同影响的结果。

在生物医学模式影响下,很多人都认为身体没有疾病(机体形态结构、功能代谢的紊乱)就是健康,这是人们对健康的片面认识。随着生物—心理—社会医学模式的形成,人们逐渐意识到,威胁人类健康的主要因素不是由自然疫源所致的传染病,而是肿瘤、心脑血管病、老年病等慢性病,这些慢性病与社会因素和人类的生活方式、行为习惯及心理状况等有着密切关系。还有人认为,健康不仅指没有疾病,同时还指没有受伤、残疾,即没有疾病、伤残就是健康,这也是对健康的片面认识。

真正的健康包括多个层面的内涵,世界卫生组织指出:健康不仅是没有疾病或病痛,而且是一种身体上、心理上和社会适应能力上的良好状态。[1] 从这个定义来看,健康包括躯体健康、心理健康及社会适应良好三个层面。只有同时满足这三个条件,并保持三者之间的相对平衡,才能称得上是真正的健康。身体健康、心理健康及社会适应能力良好应该是和谐统一的。

在上述健康概念的基础上,世界卫生组织又在健康概念中加入了"道德健康",主张个体树立良好的道德观。一个真正健康的人应该同时满足躯体健康、心理健康、社会适应良好和道德健康4个方面的条件,这是目前对健康比较全面的阐释与理解。

也有学者在健康概念的基础上提出了"完全健康",如图1-2所示,完全健康是健康新概念的拓展与延伸,其包含更加丰富多元的因素,也具有更丰富深刻的内涵。

每个人都是相对独立的个体,每个独立的个体又都具有整体性,个体与自然环境、社会环境之间存在着密切复杂的联系,人必须与内在环境和外在环境保持协调统一,这些都是健康新概念揭示的内涵及强调的重点。人与环境保持协调统一需要经历一个过程,在这个过程中,人居于主动地位,人类要正确而全面地认识

---

[1] 毛亚杰.大学生健康教育[M].北京:北京理工大学出版社,2014:3.

自然环境与社会环境，主动适应自然环境和社会环境，学会与自然、社会和谐相处，并通过良好的生活方式与健康的行为习惯来实现自身与环境的和谐统一，从自身出发积极影响环境，这是人们获得健康的基础条件。

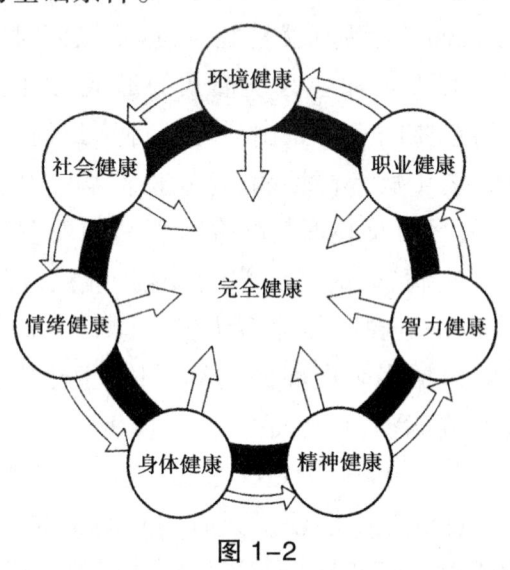

图 1-2

随着人们健康认知水平的提高，人们逐渐认识到主动预防疾病比被动治疗疾病更重要，而且在疾病预测中，尝试主动更新与完善预测指标体系，不再局限于单纯的生物指标，而将心理指标、社会指标纳入指标体系中。此外，随着社会健康意识与观念水平的整体提升，在健康评价方面，从个体健康评价逐渐向群体健康评价、社会健康评价过渡，而且在健康评价中全面考虑人的自然属性、社会属性。总之，健康新概念不仅重视健康对人的意义，同时也强调人对健康的作用，体现出人类与健康的多因多果关系，深入认识人类与健康的关系，有助于促进健康内涵的进一步更新与完善。

（二）亚健康

1. 亚健康的含义

亚健康是指机体虽然没有明显的疾病，但出现机体活力降低、适应能力减退等现象的一种生理状态。这种状态最明显的特征就是机体各系统的生理功能减弱,代谢水平下降。

亚健康的常见症状有疲乏、头痛、烦躁、胸闷、食欲下降、失眠等,医学检查结果为阴性。现代社会上有很多亚健康患者,他们都或多或少地存在上述症状。虽然亚健康不是疾病,但很多疾病都是由亚健康状态发展而来的,所以要高度重视亚健康状态。医学调查表明,亚健康患者的年龄主要集中在 20—45 岁之间,从性别上来看,以女性居多。体虚困乏、注意力不易集中、容易疲劳、睡眠质量差等是亚健康患者普遍存在的问题,更有状况比较严重的患者无法正常生活和工作。

亚健康症状表现在躯体、心理、道德、社会适应等多个方面,从这一角度出发可以将其划分为四种类型,见表 1-1。

表 1-1　亚健康的分类

躯体亚健康	睡眠失调性亚健康
	疲劳性亚健康
	疼痛性亚健康
	其他症状性亚健康
心理亚健康	记忆力下降性亚健康
	焦虑性亚健康
	恐惧或嫉妒性亚健康
	抑郁性亚健康
社会交往亚健康	青少年社会交往亚健康
	成年社会交往亚健康
	老年社会交往亚健康
道德亚健康	—

2. 亚健康的影响因素

机体内环境与外环境之间失去平衡,未能保持协调一致,这是造成亚健康状态的根本原因,这里的外环境包括自然环境(环境污染、生态破坏)和社会环境(社会关系、社会竞争、工作环境)。具体来说,亚健康状态的出现和很多方面的因素有关,也就是说,亚健康的影响因素是复杂多样的,下面主要分析几种主要因素。

(1)环境因素

环境因素包括自然环境因素与社会环境因素。

人类的生存、生活及发展离不开自然环境,依赖于自然环境而生活的人类与其所处的环境之间紧密依存,不可分割。但现在,人类与自然环境之间存在着越来越突出的矛盾,主要表现为人类生活水平不断提高和自然环境日趋恶化之间的矛盾。在恶劣环境中生存的人类身心健康将受到极大的威胁。

人生活在自然环境中,同时也生活在社会环境中,社会环境是由一系列社会因素及一定社会关系组合而成的。当前,随着社会因素的不断增加及社会关系的不断变动,社会环境也出现了一些相应的变化,如社会竞争越来越激烈,人们在激烈的环境中心理危机感加重;社会人际关系越来越复杂,人们在社交中感到精疲力竭;家庭氛围不和谐,人们紧张而敏感;等等。如果社会环境得不到改善,人们长期生活在这样的环境中,对身心健康非常不利。

(2)生活方式因素

在我国,因生活方式不良、行为方式不当而引发疾病的人群不在少数,而且由此引发的这些疾病中有些死亡率是非常高的。饮食不健康是常见的不良生活方式之一,如挑食、过分节食、暴饮暴食等,这些不良饮食习惯会造成营养不均衡、营养不足或营养过剩,最后导致内分泌失调,机体代谢功能下降,从而出现亚健康症状。

熬夜也是现代人常见的不良生活方式之一,缺少睡眠必然会影响健康,引发疾病。此外,不良生活方式还包括缺乏运动,很多现代人都不重视运动锻炼,对运动的重要性缺乏必要的认识,长期不运动必然造成体质下降,身体一旦缺乏抵抗力,就容易受到疾病的侵袭。

（3）其他因素

除了环境与不良生活方式外，还有一些因素也会影响人类亚健康状态，如遗传基因。基因对人类健康的影响既有直接的一面，也有间接的一面，有时基因问题会直接导致疾病，有时一些疾病的发生是基因与内、外环境相互作用的结果，是间接造成的。

此外，导致人们出现亚健康状态（如体力下降、社会适应性减弱等）的其他影响因素还包括机体自然老化、心理素质差、情感生活不如意等。

3. 亚健康的防治

了解亚健康的影响因素后，要做好预防工作，加快管控，下面分析亚健康的几种主要防治措施。

（1）定期进行体格检查

从思想上重视健康，树立正确的自我保健观念，定期去正规的医疗机构全面检查身体，每年至少体检一次，以了解身体健康状况，及早发现疾病或隐患，及时治疗与干预，这样才能及早痊愈，防止小病成大病。

（2）改善自然与社会环境，调节个人情绪

第一，积极宣传环保的重要性，使全民树立环保意识，提高大众保护自然环境的责任心，集中全人类的力量共同维护赖以生存的家园。

第二，各地做好绿化工作，集中解决主要的环境卫生问题，提高各地环境质量，为居民提供良好的生活与工作环境，促进人民群众生活质量的提高。

第三，对社会环境问题要有正确的认识，如激烈的社会竞争、复杂的社会关系等，要勇敢面对这些问题，正视这些客观存在的社会现象，不断提高自身的社会适应能力和心理承受能力，从而在竞争中脱颖而出，并能在社会交往中实现自我价值。

第四，出现负面或消极情绪后，要学会自我调节，通过转移注意力、自我暗示等方式及时从消极情绪中走出来，学会自我解压，

避免越陷越深。

（3）养成锻炼的好习惯

运动锻炼是影响健康的重要因素之一，长期科学锻炼，不仅对身心健康的意义重大，而且能够为各方面素质的全面协调发展奠定良好的基础。具体来说，坚持运动健身可以使应激反应减轻，将不良心理消除；增强体力，促进体力与脑力的协调发展；促进心肺功能的增强、机体代谢的改善及免疫力的提升；保持乐观开朗的心情，以充沛的精力和乐观的心态投入工作与生活；减少脂肪摄入，改善肥胖体质，增强自信，等等。

要发挥运动锻炼对健康的积极干预作用，就要养成良好的锻炼习惯，坚持不懈地锻炼，如果只是三分钟热度，那么很难取得上述效果。为保证锻炼的科学性，运动锻炼过程中要注意保持适中的强度，坚持循序渐进的原则，保证身体各部位、各项身体素质都要全面锻炼。

（4）形成积极健康的生活方式

不良生活方式会给身心健康造成严重伤害，因此必须摒弃不良生活习惯，形成积极健康、阳光向上的生活方式，如合理饮食、科学锻炼、作息规律、培养高雅的兴趣爱好等。

第二节　社会健康教育宏观环境

一、健康中国

（一）健康中国解析

健康中国是中国共产党在新时代背景下，以提高全体人民健康水平为根本目的，以健康服务、生活健康、健康保障、健康环境、健康产业、健康支撑与保障为框架建立起来的国家战略，是我国国家战略体系中国民经济社会领域的重要内容，是我国改善和保障民生的战略部署,是全面建成小康社会,完成党的两个一百年目标,实现中华民族伟大复兴中国梦的前提条件。[①]2016年8月26日,中央政治局审议通过《"健康中国2030"规划纲要》,指出健康中国建设是实现人民健康与经济社会协调发展的国家战略,明确指出健康中国的国家战略性质。

健康中国战略的提出具有非常重要的意义,具体表现在以下几方面:

人的全面发展是以身体健康为基础的,社会经济的发展也要以人民健康为前提,全国人民都将健康作为一个共同追求的目标。党和政府应对人民健康予以关怀,并进行积极干预。我国社会文明建设水平及综合国力一定程度上从人民健康水平中体现出来,在新时代为了保障健康社会建设工程的顺利进行,将健康中国提升到国家战略的高度很有必要。

要维持社会政治及经济的稳定,就必须对人民健康予以保护,这是一个基本保障条件。具体可以从两个方面来理解人民健康对社会稳定发展的重要意义。一方面,对于每个人而言,生存和发展都是生命中最基本的需求。但如果身体患病,则这种需求就无法得到很好的满足,而且人们会因疾病而苦恼,患者的家人也会感到无比痛苦,现代社会有时会让人感到人情冷漠,患者在冷漠的社会环境中得不到同情与关心,就很容易将自身的不愉快情绪转化为怨愤、怒气,进而做出一些破坏社会秩序、扰乱社会安定的暴力行为,这会造成社会矛盾的加剧。"仓廪实而知礼节,衣食足而知荣辱",要维持社会的安定、和谐,推动社会进步,首先就要满足人们的基本需求。另一方面,人们对健康的需求会随着社会的进步、经济的发展而不断提高,在全球化时代,人们自主选择生活环境的能力越来越强,甚至人们对政治体制、政府管理体制变革的影响及作用也越来越明显。社会建设离不开人民的参与,政府实施政治权利也需要人民的支持,而人民的参与意愿如何,

---

[①] 黄开斌,健康中国——国民健康研究[M].北京:红旗出版社,2016:15.

支持力度多大,具体取决于政府对人民健康的支持程度和有效管理效率。要想使政府管理获得人民的全力支持,提高人民参与社会建设的积极性,就必须保障人民获得生命所需的健康资源,为人民提供良好的健康服务。

国家综合国力的衡量指标有很多,其中就包括人民健康水平这一指标。对人民健康予以支持和进行有效管理是政府部门的职责,政府履行这一职责,必然要将大量的资源投入其中,在前期的管理阶段更是如此,既要投入大量的资源,又要进行必要的指导。政府为国民提供健康资源的力度主要取决于国家的经济发展水平,经济实力强,则提供的健康资源就多,相反,经济实力弱,提供的健康资源就难以满足人民所需。同时,大量高素质人民参与社会建设是社会发展的重要动力,在国民素质的众多组成要素中,健康是最为基础的因素,社会的发展程度一定程度上体现在人民对健康的关注与重视程度上。另外,政府对人民利益是否重视,在国家管理系统中人民权益被摆在什么样的位置,这都可以从国民健康水平中反映出来,而国家建立与发展的根本就在于为人民谋福利。我国实施健康中国战略,说明政府高度关注人民健康,并将此置于重要位置。

（二）健康中国背景下推动大学生体质健康教育发展的建议

1. 加强健康理念教育

健康的影响因素有很多,如遗传、气候、医疗条件、自我保健等,对比这几种因素,自我保健对健康的影响最大。也就是说,个人生活方式直接影响着个体健康,鉴于自我保健因素对个体健康的重要影响,对大学生进行健康理念教育非常必要,通过教育能够培养大学生健康的生活习惯,促进其体格的发展与身体素质的增强。为了更好地落实大学生健康理念教育,应在高校体育教学中融入健康教育,使大学生在体育课上能够充分认识到体质健康的含义与重要性,实现体育教育与健康教育的深度融合。为了对

第一章　大学生体质健康概述

大学生正确的体育价值观与科学的健康观进行培养,需要学校宣传部门发挥自身作用,并将一些新媒体传播资源充分利用起来,对新健康观及一些积极向上的体育理念进行大力宣传与倡导。具体来说,对大学生进行健康理念教育应重点包括以下几项内容:

第一,健康的概念、含义及标准。让大学生对健康新概念及其内涵有正确而全面的认识,并对照健康的标准客观评价自己的身体健康状况。

第二,个人不良生活方式及行为方式对健康的危害,使大学生保持警惕,及时调整不良生活方式,养成健康的生活习惯。

第三,运动锻炼的价值及方式,帮助大学生了解运动锻炼对健康及全面发展的重要意义,使其掌握锻炼方法,培养大学生的终身体育锻炼习惯。

总之,通过传播健康理念,加强体育教育与健康教育的深度融合,培养学生正确的健康观与体育观,使其养成长期参与体育锻炼的习惯,在科学的运动锻炼中不断改善体质,增强体能,为学习与将来工作奠定良好的健康基础。

2. 规范执行相关政策文件

高校开展大学生体质健康测试工作主要是以《国家学生体质健康标准》为依据和参考的,这一文件所提供的指导既权威又全面,但该文件的落实情况并不是很理想,有些高校虽然也是按照这一文件实施体质测试工作,但最终效果却不如人意,达不到预期目标。鉴于该文件在不同高校的落实存在现实差异,有必要从客观的角度评估高校在开展体质健康测试工作中对该政策文件及其他相关文件的执行情况,从而对高校执行政策的力度及完成任务目标的情况有所了解。

对高校执行体质健康相关政策文件的情况及结果进行评估,需要做好内部评估与外部评估两方面的工作,内部评估者对规章制度和政策文件了解得比较多,因此为开展评估工作提供了便利,评估者应根据评估情况对相关规章制度进行调整,使其更符合实际。但如果单纯只进行内部评估,则很容易会有一些弊端显露出来,如评估不客观、不全面,刻意规避一些缺陷等。因此,在实施内部评估的同时还需要加强外部评估,发挥社会组织的作用,以弥补内部评估的不足,并监督内部评估者,提高评估的客观性、全面性,这样评估结果才会获得大多数人的认可,才能更真实地反映出高校执行文件的情况。此外,评估工作结束后,要及时向高校有关部门反馈评估结果,并提出改进建议,以促进体质测试相关文件政策在高校的有效落实,提高高校实施体质测试工作的效率。

3. 科学指导学生参与健康促进活动

第一,高校可利用课余时间或节假日时间多组织一些丰富有趣的健康促进活动,如健康讲座、运动会等,在活动期间加强宣传,鼓励学生参与,营造良好的校园活动氛围,满足学生的健康需求。

第二,在期末体育考核中或在学期评奖评优环节将大学生体质健康成绩纳入评选或考核范畴,对学生每周运动时间提出硬性要求,使学生重视锻炼和健康,并积极参与运动锻炼。

第三,向学生提供良好的运动环境,如体育场馆、运动设备、锻炼指导等,为学生参与运动锻炼提供方便,满足学生的锻炼需求,提高锻炼的科学性与有效性。

第四,诊断大学生的体质状况,为其提供个性化的运动处方,指导大学生按照运动处方科学锻炼,在指导的同时加强监督,以提高锻炼效率和效果,最终改善大学生体质,提高大学生健康水平,并使大学生养成持久锻炼的好习惯。

第五,利用现代信息技术建立大学生健康档案,定期监测大学生体质健康状况,及时更新与完善健康档案信息,为高校开展大学生体质健康干预工作提供依据。

二、全民健身

（一）全民健身解析

全民健身是一项全面性的健身活动,这项活动的实施对象包括全国人民,但重点对象是青少年和儿童。全民性是我国发展体育事业必须坚持的一项原则,严格坚持这项原则,使体育成为全民体育,这是社会主义制度的要求。全民健身活动能够使人民群众对体育的需求得到最大化的满足,国家发展体育事业所倡导的"一切为了人民健康"的宗旨能够从全民健身这项全国性的活动中得到最根本、最集中的体现。通过全面开展全民健身活动,改善国民体质,促进全国人民健康意识、体育观念、锻炼意识及健康水平的提升,进而提升全国人民的生活质量。

全民健身也是现代社会一种新的生活方式,这种生活方式健康而文明,值得面向全国人民积极宣传与倡导。全民健身的功能丰富、价值多元,丰富多彩的健身内容和变化多样的健身形式赋予了全民健身这一特性。具有多元功能与价值的全民健身逐渐融入人民的日常生活,向日常生活渗透,成为人民生活的一个重要组成部分,这大大丰富与拓展了人民的生活内容,提升了人民的生活品质。

我国于1995年颁布《全民健身计划纲要》,在这一文件的指导下,全民健身和大众体育事业取得了一定的发展。我国颁布《全民健身计划(2011—2015)》《全民健身计划(2016—2020)》等政策文件后,全民健身的发展更是呈现出欣欣向荣的面貌。这些政策文件指向全国人民,对全民参与运动锻炼具有普遍的指导意义,对促进全民健康具有重要的价值。此外,这些政策文件也重点指向青少年,如《全民健身计划(2016—2020)》明确指出"青少年作为实施全民健身计划的重点人群,应大力普及青少年体育活动,提高青少年身体素质。加强学校体育教育,将提高青少年的体育素养和养成健康行为方式作为学校教育的重要内容,保证学生在校的体育场地和锻炼时间,把学生体质健康水平纳入工作考核体系,加强学校体育工作绩效评估和行政问责"[①]。可见,青少年体质健康非常受重视,这为学校开展青少年学生体质健康促进工作提供了重要的政策指引。

全民健身具有以下几个基本特征:

第一,人本性特征,这主要体现在全民健身的指导思想上。体育本身对人的生命非常关注,我们开展体育活动的一个主要原因就是创造生命价值、提升生命质量。我国体育事业的发展集中体现了政府和社会对人民生命的关怀。可以说,促进人的发展是体育存在的根本动力及价值所在。鉴于此,在现代体育改革中,主要改革方向应该是唤醒人的主体意识。我国关于全民健身的重要纲领性文件——《全民健身计划纲要》所围绕的主题就是"以人为本",并倡导尊重生命、关注生命、珍爱生命、提升生命和发展生命。全民健身的全民性指的是主体的全民性,贯彻"以人为本"的理念,要求将全民性落到实处,即倡导全体人民参与健身活动,促进全民的健康发展,这样全民健身的生命力才更顽强,才更具活力。全民健身的人本性体现了人文关怀的精神,而这里的人文关怀面向的是人的生命、人的合理需求(健康需求、政治参与需求、经济物质需求、文化精神需求等)以及人对美好生活的追求。

第二,全面性特征。全民健身的全面性特征主要体现在两个方面,第一是运动健身能够促进人民群众的全面发展;第二是全民健身要与社会各个方面协调发展,包括社会经济、社会文化等。全民健身不仅强调群众体育的发展,也倡导群众体育与竞技体育的协调发展,倡导人与社会的协调发展。良好的社会人文环境是竞技体育发展的重要条件之一,而这个条件可由群众体育来提供,反过来,群众体育的发展也离不开竞技体育的推动。群众体育与竞技体育相互依存,相互作用,相互渗透,将二者有机结合起

[①] 陈莉,周伟,蒲庭燕.全民健身计划下大学生体质健康促进实施路径研究[J].体育研究与教育,2018,33(1):48-52.

来,相互借鉴,相互融合,推动二者共同发展,这对于我国体育事业的发展具有重要意义,同时也能为全民健身活动的开展创造更好的条件。

第三,服务性特征,这主要从全民健身活动的开展方式上体现出来。开展全民健身活动需要提供大量的公共服务设施,这是人们参与健身锻炼的重要物质条件,体育建筑物、运动场地、运动器材设备等都是全民健身活动开展的重要物质载体。政府部门实施全民健身计划,必然要以人们的锻炼需求为依据而提供这些服务设施。对全民健身公共服务设施的设计要充分体现建设健康文明社会的理念,要将现代人的生活方式及体育价值取向体现出来,要能够满足现代人提升生命质量和改善生活质量的需求。人们的这些需求、价值取向、愿望不仅从其日常生活中体现出来,也会从其参与的健身活动中体现出来,据此而设计社会体育公共服务设施,将这些健身资源提供给人民群众,满足大众的健身需求。公共问题的解决、社会经济秩序的维护等都离不开公共服务这一重要手段,提供公共服务还体现了对社会公共资源的重组及优化配置。独立的市场主体因为受各方面条件所限而无法单独解决一些问题,这就需要依靠公共服务来解决,这也是完善社会公共服务的目的之一。对全民健身公共服务的完善不仅能够为各类社会群体参与健身活动提供良好的物质条件,还能为进一步发展群众体育提供物质保障,群众体育的发展反过来又有助于进一步推进全民健身计划的实施。

第四,社会性特征,这主要体现在全民健身活动的组织形式上。最大限度地扩大公共参与的范围,提升公共参与的力度,这是我国推行全民健身计划、发展全民健身事业的主要目的之一。全民健身强调根据实际需要而培育不同类型与规模的社会体育组织和体育社团(以非营利性为主),明确这些组织与社团的主体地位、社会职责,建立运行机制,构建社会体育组织网络体系,提升公共体育参与力度,推动城乡社区体育发展。此外,全民健身还强调构建科学化的体育公共服务体系,该体系中的生产环节及产品供应应该由政府相关部门、社会体育组织及社会相关企业共同参与完成。全民健身强调的这些要点充分体现了其社会性特征,有助于将社会各个方面的积极性充分调动起来,将丰富的社会资源充分整合在一起,并优化资源配置,提高资源利用率,促进政府管理与社会调节的互动与互补。体育的社会化发展离不开各类社会体育组织及体育团体的共同推进,离不开社会各界力量的广泛参与,体育事业需要以全社会的力量为依托才能得到更好的发展,全民健身的社会性充分体现了这一点。

(二)全民健身背景下推动大学生体质健康教育发展的建议

1. 加强对体质健康监测与评价体系的完善

为了提高对大学生体质健康状况监测的准确性,需要不断更新与完善大学生体质健康监测系统。高校在建立大学生体质健康监测中心的过程中,应争取政府部门的支持,并力争与政府部门合作共同完成这一工程,高校主要发挥资源优势,如提供体育场地、器材装备等,政府主要在经费上予以支持与帮助,由政府与高校共建的体质健康监测中心除了专门为监测大学生体质健康提供服务外,也可以为社区居民的体质健康监测提供便利,这样更容易赢得政府的支持,甚至还能获得社会的支持与赞助,这也有助于为国民体质监测工作的开展提供良好的条件。

推动全民健身的发展,需要加强对全民健身评价体系的建立健全,这是一项非常重要的任务。大学生作为全民健身的主体之一,是全民健身活动的重要参与者,所以建立健全大学生健康评价体系也是一项不可忽视的重要任务。当前,制约我国大学生体质健康发展的众多因素中就包括现行体质健康监测评价机制不健全,一些大学生参与体质测试或体育锻炼,不是因为认识到了体育的真正价值,而是单纯追求成绩与结果,只要成绩合格,就不会再继续参与运动锻炼。不仅是体质测试评价体系存在漏洞,高校体育教学评价机制也存在这方面的问题,如将学生的技能测试结果看得很重,学生为了取得好成绩而练习技能,只要考试成绩合格,就不再继续坚持锻炼。针对这个问题,应适当减少技能测试成绩在体育总成绩中所占的比例,将过程评价与结果评价结合起来,关注学生的学习过程,看到学生的进步,以对学生的体育兴趣进行培养,使其形成参与体育锻炼的正确动机,如为了强身健体而参与体育锻炼,引导大学生将体育锻炼作为自己生活中的一部分,形成终身参与锻炼的习惯。

高校应注重对大学生体质健康档案的建立,并定期更新与完善档案信息,从学生的体育兴趣爱好出发,结合不同学生的真实体质健康状况而为其制订个性化的运动方案。另外,在大学生体质健康测试中,采取多元灵活的测试指标,提高测试的准确性,而且在大学生体质健康评价中,要避免评价的单一性,包括评价主体单一、评价层级单一和评价角度单一,要实施多主体、多层级和多角度评价,提高评价的准确性、全面性,使大学生对自己的健康问题有清晰的认识,并能有针对性地改善自己的体质状况。最后,在大学生体质测试评价中,适当对大学生参与体质测试的态度及表现进行评价,对于态度积极和认真参与的学生予以表扬,这对学生来说是一种鼓励,这样即使这些学生体质测试成绩不理想,也会因为态度认真受到表扬而得到安慰,这样也能避免部分学生因测试成绩不佳就失去参与体育运动的兴趣。

2. 积极建设校园体育文化

"弘扬体育文化,促进人的全面发展"是全民健身发展的主要任务之一。在全民健身背景下,高校应加强对校园体育活动的组织与举办,并采取各种有效的举措引导大学生积极参与到丰富多彩的体育活动中,以对学生的体育兴趣进行培养,并满足体育爱好者参与体育运动的需求。高校建设校园体育文化对开展大学生体质健康教育工作具有重要意义,在校园体育文化建设中应做好以下工作:

(1)开展体育比赛活动,设置一些奖牌,吸引大学生参与,加强对比赛的宣传,营造浓厚的体育氛围。

(2)举办体育知识讲座,按班级组织学生参与,提高学生的体育认知水平,促进学生体育知识的丰富与视野的拓展。

(3)在校园广泛宣传体育文化,将校园广播、校报等资源充分利用起来,使学生在耳濡目染中产生参与体育运动的兴趣。

(4)加强对校园体育文化网站的建立,网站内容以国内外体育新闻、学校举办的各种体育活动等为主,不断更新网站内容,多加入一些精彩的体育比赛视频,吸引学生的注意力。

(5)体育文化具有渗透性,采取现代网络技术使体育文化融入大学生日常生活,成为大学生生活中的一部分。学校利用信息网络技术建立大学生网络服务中心,专门开设一个窗口为大学生提供体育咨询及健身指导服务,满足学生的好奇心与体育兴趣爱好。

(6)加强对健康新理念及科学体育价值观的宣传与弘扬,对大学生的体育文化素养进行培养,使大学生养成良好的体育锻炼习惯,形成健康文明的生活方式。

3. 加强体质健康诊断,科学制定运动处方

运动锻炼是影响大学生体质健康的重要因素,该因素在大学生体质健康的众多影响因素中排在前列,所以要特别重视从运动着手来加强大学生体质健康教育,改善大学生体质现状,提高大学生体质健康水平。全民健身为高校从运动出发开展大学生体质健康教育提供了良好的社会氛围。高校应先做好大学生体质健康诊断与评估工作,充分了解大学生的体质状况及主要健康问题,然后以诊断与评估结果为依据制定符合大学生整体体质健康情况及具有普遍适用性的运动处方,在此基础上再根据特殊体质群体的实际情况而制定个性化运动处方,以促进不同体质大学生健康状况的全面改善及大学生体质健康水平的整体提高。

高校应在体育教学中根据学校条件而开设运动处方课程,给大学生传授运动处方的基本知识,引导大学生从自身体质健康状

况出发制定适合自己、对改善自我体质有益的运动处方,并能根据运动处方科学锻炼,取得良好的锻炼效果。

第三节 我国大学生身心特点与体质状况

一、我国大学生身心特点

对每个人来说,大学阶段都是非常宝贵的,一个人成长成才的关键时期就是大学时期,因此要特别关注大学时期的教育,包括健康教育,要高度重视大学生的身心健康问题。我国大学生的年龄一般在17—23岁之间,处于这一年龄段的大学生身心发展变化都比较明显,从生理上而言,他们的身体器官、生理系统发育比较快;从心理上而言,他们总是会出现较为复杂的心理活动。下面具体分析我国大学生的身心特点。

(一)大学生身体特征

大学生的生理发育特征集中体现在以下几个方面:

1. 体格发育快

在一个完整的生命周期中,人的身体发育会经历几个非常关键的时期,大学时期就是其中之一。在这个关键阶段,大学生体格发育比较快,而且很多方面都渐渐趋于成熟。大学生体格发育主要从身高、体重、宽度、围度、骨盆等身体形态指标上体现出来,这些身体形态指标的增长都很明显。此外,身体各部分的发育都比较匀称,比例比较协调,这也是年轻人特有魅力与活力的一个重要表现。

2. 生理机能明显增强

大学生的生理机能较中学阶段明显增强,器官组织渐渐成熟。下面具体分析能够体现大学生身体机能增强的几个指标的变化：

（1）血压正常并趋于稳定。

（2）脉搏稳定并有下降趋势。

（3）胃部容积变大，蠕动力度增强。

（4）肺泡容量增大，呼吸呈现出深而缓的特征。

（5）肠的长度增加，容量较之前也慢慢变大，消化功能有所增强。

3. 神经系统发育成熟

作为对全身功能都具有控制作用的重要系统，神经系统在这一阶段的发育渐渐趋于成熟，具体表现如下：

（1）大脑快速发育。

（2）神经兴奋性较强。

（3）观察力、逻辑思维力以及记忆力都有了明显的提高。

4. 性机能成熟

处于青春期的大学生性机能慢慢发育成熟，这主要从外在身体结构上表现出来，而且男女身体外部变化有明显差异，具体见表1-2。

表1-2 大学生性机能发育成熟的表现[1]

性别	表现
男生	喉结突出 声音变粗 发音低沉 开始长出胡须
女生	线条明显 声音变高 皮下脂肪沉积 皮肤光泽 体态丰满

---

[1] 胡建，林雁双. 浅谈大学生的生理特点与青春期教育[J]. 中国林业教育，2004(6)：63-64.

性机能发育成熟的大学生会慢慢对异性产生特殊的情感,主要表现为好奇、关注、吸引、爱慕,与异性交往的想法比较强烈,渴望开展一段美好的爱情。

(二)大学生心理特征

1. 大学生心理特征综述

大学生心理发育也和生理发育一样慢慢趋于成熟,而且心理活动复杂多变,下面具体分析大学生心理特征表现:

(1)大学生有较强的自我意识,并逐渐形成了独特的个性。

(2)大学生的观察力、记忆力都较之前有了明显的发展与进步,如观察更具有目的性,减少了盲目的观察,记忆更准确、敏感,而且能维持较长的时间。

(3)大学生的抽象思维能力逐渐提高,并表现出独立性、灵活性、逻辑性等特征,其中辩证思维能力的发展更明显。

(4)大学生情感发展的特征主要表现为,明显受理智影响,与理智的关系由不平衡渐渐走向平衡,但经常在二者之间摇摆不定,情感缺乏稳定性,也没有达到很高的成熟度。大学生有着丰富的情感,而且情感的发展呈现出社会化趋势。大学生积累了丰富的知识经验后,开始独立参与社会活动,作为社会成员充分感受社会生活,在这个过程中他们享受充实的精神生活,情感也越来越丰富。然而因为大学生还没有形成稳定的价值观,在认识事物上很容易受环境影响,所以情感的稳定性较差。此外,爆发性也是大学生情感的一个特点,大学生有时控制不住自己的感情,很容易显露出来,但随着心态的成熟,大学生对情感的控制力会逐渐提升,表露情感的方式也会趋于平缓。

2. 我国不同年级大学生的心理特征分析

(1)大一学生的心理特点

大一学生的学习能力较强,有比较灵敏的思维,有热情的性格,也比较勇敢,但情绪缺乏稳定性,易激动、紧张,心理上有时会

产生孤独感。大一学生之所以会表现出这样的心理特征,主要原因如下:

作为高校新生的一年级学生不管是思维的灵敏度还是学习的热情,都能保持像高中阶段那样的状态,他们会继续像高中时期一样刻苦学习,保持这一好的习惯。一些新生对大学校园充满好奇,会积极热情地加入一些社团或学生会,踊跃参加大学里举办的活动,并借此机会认识新的同学。也有一些新生对自己上的大学感到不满意,认为现实中的大学生活不像自己想象中的那样好,一部分新生对大学环境不能很快适应,无法快速融入大学生活,这些问题都会困扰他们,使他们产生负面情绪,而且情绪波动比较明显。大学新生中不满意自己所学专业的也占有一定的比例,因为不满意专业课,所以厌学心理严重,再加上不能很快适应大学课堂节奏,最终导致专业成绩不理想,挂科会使大学生焦虑不安。

(2)大二学生的心理特点

大二学生能够比较积极主动地参与校园活动,处理事情更沉稳妥当,但学习热情和能力与高中阶段相比较弱,情绪波动仍比较明显,在人际交往中比较敏感,时常会陷入焦虑状态,严重者甚至会有抑郁倾向。下面分析大二学生具有这些心理特点的原因。

经历了一年的大学生活后,大二学生思想渐渐成熟,能够比较客观地去对待自己所处的环境,包括人和事。在处理事情和解决问题上少了些盲目、鲁莽、随意,多了冷静、沉着与周到。大二学生除了忙于日常学习之外,参加的活动越来越多,而且随着性机能的成熟,他们会渴望与异性交往,这会分散他们学习的精力,也对其学习能力造成了一定的影响。大二学生在前一年的大学生活中建立了自己的人际圈,他们渴望扩大交往圈,但在与人相处时敏感心理较重。大学二年级学生除了要学习专业课,参加活动,还要忙于考各种资格证书,和大一学生相比他们面临着较大的学习压力,如果对专业课学习、考证、参加社团活动的关系处理不妥,就很容易产生焦虑心理,长期处于压力状态下的学生还会有抑郁的表现,甚至会走向极端。

（3）大三学生的心理特点

大学三年级学生自制能力和专业学习能力都在增强,思维更加合乎成规,但是仍然会存在一定程度的心理问题,如强迫症状、敌对、抑郁、焦虑等,主要原因如下：

大三学生和老师、同学之间不和谐的人际关系是困扰他们学习与生活的主要因素。有的学生会在大二到大三的过渡前期重新审视自己的人生观、价值观和世界观,这是一段迷茫期。毕业后的走向,尤其是提前到来的考研和就业压力会加重大三学生的负担,使其产生紧张和焦虑的情绪。

（4）大四学生的心理特点

大学四年级学生的性格更加开放,人际交往水平显著提高,但自信心、自我决断能力下降,他们的心理压力很大,主要原因如下：

大四学生面临着巨大的考研压力,既要和本校同专业同学竞争,又要和其他学校报考相同学校和专业的学生竞争。除考研压力外,找工作的压力同样很大。现代社会就业竞争很激烈,大四学生毕业后要找一份自己喜欢且薪资水平较高的工作难度很大。此外,家庭及社会因素也会给毕业生带来一些压力。大学期间一些不愉快的经历和记忆会使部分学生产生报复心理,做出一些损人不利己的事,更有甚者将自己的不满情绪发泄到无辜的人或事物上,如大肆破坏公物,无故伤及他人等。最后,大学期间的恋爱很可能会随着毕业的到来而面临结束的危机,情侣之间可能因为工作问题而分手,这对大四学生来说也是必须面临的一大问题。

二、我国大学生体质状况

（一）大学生身体素质持续下降

据统计,我国大学生的体质水平多年来连续下降,大学生的体质测试成绩整体还不如中学生。2015年11月25日,国家体育总局发布的《2014年国民体质监测公报》显示:大学生身体素质继续呈下降趋势,如爆发力、耐力、力量等身体素质指标均呈下降趋势,但下降速度趋缓。大学生的肥胖率持续上升,每5年提高2%～3%。大学生的肺活量指数2012年开始持续回升,但依然处于低水平状态。此外,大学生台阶指数指标持续降低,这表明大学生心血管系统机能逐步下降。①

总之,因为饮食不规律、熬夜、缺乏运动等原因,大学生体质情况越来越差。大学生没有强健的体魄就无法抵抗疾病,无法承受未来学习、工作和生活中的各种压力。作为建设祖国的后备军,大学生的体质健康水平亟待提升。

(二)大学生猝死事件频发

大学生猝死事件近年来频频发生,发生地包括教室、运动场,甚至是宿舍。北京大学2011级学生在军训的两周时间内,近3500名学生累计看病超过6000人次,特别是第一周,晕倒者众多。《中国青少年体育发展报告(2015)》显示,大学生的体质情况不容乐观。2012年,上海东华大学一名大三学生在1000米跑测试中突然晕倒,不治身亡;2013年,湖北一名大二学生在进行1600米跑的测试中突然晕厥,呼吸暂停,险些猝死,最后通过抢救挽回了生命;2014年,宁波一名大二学生在长跑测试中突然猝死;2016年11月19日,武汉一所大学中一名大四学生在立定跳远项目中突然倒下,送往医院抢救无效,不幸离世。大学生猝死事件频发对于国家和社会来说都是一种极其危险的信号,学校、社会和国家对此必须给予高度重视。

---

① 黎雅思,雷诗琪,韦海妮,等.健康中国背景下大学生的体质健康教育研究[J].农村经济与科技,2019,30(3):293-295.

第四节　大学生体质健康影响因素分析

影响大学生体质健康的因素大致可以归为四类,分别是社会因素、学校因素、家庭因素以及大学生自身因素,本节主要对这几类影响因素进行具体分析。

一、社会因素

（一）社会就业压力大

近年来,随着全国各高等院校招生规模的不断加大,大学生的数量与日俱增,导致学生的就业压力也逐渐增大。这让很大一部分大学生因为就业压力大而放弃了体育锻炼,他们将大部分时间用于待在图书馆或寝室温习文化课,为考证、就业做准备。这和社会的人才选择途径有很大的关系。用人单位很少重视到应聘者的体质水平,更看重应聘者的学历水平、专业水平、在校学业成绩、取得的奖项和受教育背景。这种忽视体质健康状况在工作中的重要性的观念是错误的,应及时转变。

（二）科技因素

随着社会经济和科技的飞速发展,人们的经济收入水平、生活水平大大提高,越来越多的家庭购买了私家车,电脑等网络工具也逐渐进入千家万户。这些科技成果能给人们带去很多便利和帮助,但同时也会产生一些不良的影响,如学生外出,即使路途不远,也选择汽车等交通工具,步行者、骑自行车者较少,这无形中减少了体育锻炼的机会,电脑等现代网络更是让很大一部分大学生为之着迷,有的学生甚至陷入网络而无法自拔,网络成瘾、网络犯罪等现象屡见不鲜。大学生应合理利用社会资源,养成正确的人生观,多利用现代科技成果做一些有意义的事。

二、学校因素

(一)注重智育,忽视体育

很多学校几乎将所有的精力都投放在对学生的智力教育上,忽视了体育教育的地位和重要性,这种片面追求文化成绩的教育观念根深蒂固。为追求文化成绩而挤占学生体育锻炼时间的做法无疑增加了学生的学习压力和心理压力,同时也对学生的体质健康产生了很不利的影响。这种做法也违背了健康标准中"健康第一"的思想。因此,学校要及时改变这种观念,在重视智育的同时不能忽视了体育教育的重要性,鼓励学生参与体育活动,多组织一些体育趣味活动,激发学生参与体育锻炼的积极性,培养学生参加体育锻炼的意识,改善学生的身体健康水平,促进学生的健康发展。

(二)教育评定

《全国普通高等学校体育课程教学指导纲要》规定:高等学校一、二年级必须开设体育课,三年级以上开设体育选修课;学生的体育平均成绩达到60分准予毕业,否则按结业处理。[①] 因为对大学三、四年级开设体育课没有硬性规定与要求,所以一些高校直接取消了大学三、四年级的体育课,或者即使安排了体育课,也基本不上课,学校不重视体育课直接导致学生参与体育锻炼的积极性下降,最终造成大学生体质健康状况不佳的后果。而且随着考研压力与社会就业压力的增加,大三、大四年级的学生忙于为考研和找工作做准备,更是没有时间锻炼身体,体质差也是必然结果。

---

① 刘乐乐.河南省大学生体质下降的社会学因素分析[D].郑州:郑州大学,2015.

（三）体育课强度

体育课上安排适宜的运动强度能够使学生得到有效的锻炼，改善学生体质，提高学生健康水平。强度适宜是上好体育课的一个关键因素。一些大学生是独生子女，在优越的家庭环境及父母的宠爱中长大，因此难免娇生惯养，难免怕苦怕累，所以如果体育课上安排的强度较大，大学生就会产生一些抵触心理，而强度小的运动项目更容易被他们接受。但如果运动强度过小，再加上体育课时间短，起不到锻炼身体的良好效果，难以实现增强学生体质的体育教学目标。调查发现，大学生更愿意在体育课上参加跳绳、打羽毛球和乒乓球这样强度相对较小的运动，而不喜欢参加长跑、篮球等强度相对较大的运动，强度小，学生参与的兴致高，但锻炼效果不佳；强度稍大，部分学生会抵触，但锻炼效果好。体育教师要处理好这一矛盾，注重培养学生的体育兴趣，循序渐进地增加运动强度，以逐渐提升大学生体质健康水平。

（四）学校体育物质条件

政府为高校教育投入的经费数额是有限的，高校获得上级部门下拨的经费后，要合理分配到各个学科的教学中，此外，还要将一定比例的经费用于修建教学楼、图书馆、食堂、宿舍；用于建设题库、购置书本；用于科学研究等。总之，高校各方面教育工作的开展都离不开经费的支持，这样一来，用于建设体育场馆、购置体育器材的经费只在总经费中占很小比例，再加上一些高校本身就不重视体育，可想而知，用于体育硬件建设的经费少之又少。资金短缺直接影响学校体育物质条件的改善，影响学校体育活动的开展和学生参与体育锻炼的积极性，最终影响学生体质健康。

（五）体育教师地位

不同学科教师在学校的地位一定程度上是由其所教学科的地位决定的，高校不重视体育学科，对体育教师的重视度自然也就不及其他学科。体育教师得不到校领导的重视,在学校的地位较低,这直接影响其薪资待遇、评优评先,不受重视的体育教师难以全身心地投入到体育教学工作中,心理上的不平衡使他们敷衍工作,最终影响教学效果,而体育教学效果低下最直接的表现就是学生健康问题得不到解决,体质没有明显改善。

(六)学校饮食安全

大学生基本都是住宿生,住在学校安排的宿舍,一日三餐也基本都是在食堂解决,所以必须高度重视食堂食品卫生问题,食堂食品安全卫生对学生健康有很重要的影响。一些大学生体质较差与营养不良有关,而造成大学生营养不良的原因很大一部分又与学校食堂食品卫生有关,一些高校食堂中的食品经检验没有达到卫生标准与质量要求,不卫生的食品对学生健康是有害的,甚至会造成学生食物中毒,危害学生的生命。此外,食堂饭菜价格高也是很多高校都存在的问题,一些贫困学生消费不起食堂的饭菜,只能选一些最便宜的营养价值不高的饭菜解决温饱问题,长此以往,必然会造成营养不良,影响发育。因此,高校必须将食堂饮食安全卫生问题及食品价格问题重视起来。

三、家庭因素

家庭教育对子女的影响非常重要。家长的体育观念、体育行为会影响子女。有的家长不喜欢体育运动,家庭中没有形成一定的运动氛围,所以学生接触体育运动的机会也少。一些家长因为担心孩子在运动中受伤而不支持孩子参与运动,还有一些家长因为担心孩子参加运动锻炼会影响文化课成绩,所以反对孩子参加自己喜欢的运动。长期不运动必然会影响体质健康,这也是大学新生体质健康水平低的主要原因之一。

四、大学生自身因素

（一）体育活动态度与锻炼情况

一部分学生对体育活动不是很感兴趣甚至是不喜欢，所以几乎不参加运动，即使参加运动，也是为了应付考试。对此，学校应侧重培养大学生参加体育活动的意识和兴趣，使大学生端正态度，明确动机，积极参与其中，有效改善体质。

锻炼时间、锻炼强度是影响体育锻炼效果的主要因素，只有时间、强度适宜，才能对人体肌肉产生一定的刺激，对人体机能产生积极有效的作用。一些大学生虽然经常参加运动，但是每次参与时间很短，而且强度小，所以达不到很好的锻炼效果。

（二）饮食营养

很多大学生因为贪睡而不吃早餐，导致体内糖原摄入不足，血糖过低，引发头晕目眩、注意力不集中、反应迟钝等现象，这不仅会影响学习效率，而且对健康是有危害的。

日常饮食要讲究合理搭配，营养均衡，否则会造成营养过剩或营养不良，引发一些疾病。一部分大学生不重视科学饮食，有暴饮暴食、挑食、节食等不良习惯，这对身心健康极为不利。

（三）日常生活方式

熬夜、吸烟是大学生生活中常见的坏习惯，这些不良生活方式又是导致大学生体质较差的一个重要原因。熬夜对身体有很大的伤害，如导致免疫能力下降、视力下降、头痛、注意力很难集中等。吸烟对人体呼吸功能、心血管功能的危害很大。大学生要改正自己的不良生活习惯，养成积极健康的生活方式，对自己的健康负责。

第二章 新时代大学生体质健康教育发展展望

大学生群体是最富有朝气的群体,是国家和民族未来的建设者与接班人,当前新时期,大学生的体质健康发展不仅关系到大学生群体的身体健康状况,也关系到整个国家和民族未来的健康发展,因此,在新时代强调开展大学生体质健康教育具有重要意义。为切实促进我国大学生体质健康教育的发展,我国在政治和教育领域积极探索并推出了一些有效推动大学生体质健康教育发展的新理念与新政策,本章就主要对当前和未来我国大学生体质健康教育的发展进行展望与阐述分析。

第一节 运动促进健康的原理与现实意义

一、个体健康的影响因素

(一)遗传因素

遗传因素是影响个体健康的一个非常重要的因素。

一些遗传学学者认为,先天遗传因素与后天环境因素共同影响并决定着人体的一切外在表现。先天遗传因素会影响一个人的大部分形状,后天环境因素在个体的健康成长过程中发挥着重要的影响作用。

通常,研究与分析个体的遗传情况,用遗传度对人类的性状进行计算,旨在对先天遗传和后天环境因素影响某一性状的程度作出判断与比较。简单来理解,遗传度就是指某一性状变异中,遗传因素与环境因素各占有多大比例。遗传度高,说明遗传因素在某一性状中发挥决定性作用,遗传度低,说明某一性状中环境发挥决定性作用。

当前,与个体的体质相关的重要指标的遗传度主要有如下几种:

1. 生化指标的遗传度

生理学研究表明,遗传因素在很大程度上决定了人体代谢特点的形成与生理代谢能力的高低稳定度。先天遗传在人体体质生化指标中占主要地位(表2-1)。

表2-1 生化指标的遗传度

指标	比例(%)
线粒体数量	70~92
CP、ATP含量	67~89
血乳酸最大浓度	60~81
乳酸脱氢酶的活性	65~87
红白肌纤维比例	81~89
肌红蛋白含量	60~85

2. 生理指标的遗传度

个体的生理机能水平受多种因素的影响,遗传因素是一个重要因素,如神经过程的强度、均衡性、灵活性等中枢神经系统的功能受先天遗传影响较大,后天环境很难改变(表2-2)。

表2-2 生理指标的遗传度

指标	比例(%)
安静心率	33
最大心率	85.9
肺通气	73
最大摄氧量	69~93.6
神经系统功能	90
月经初潮时间	90
血型	100
血压	42

3. 形态指标的遗传度

人体形态的变化主要受到基因遗传的影响,如身高、胖瘦等,但是,遗传因素对个体的形体指标的影响程度是有一定的差异的,同时,个体的形体指标与性别、年龄发展阶段也有较大的关系。研究发现,个体(男女)形态指标中有9项的遗传度均超过80%(表2-3)。

表2-3 形态指标的遗传度(%)

指标	男	女
身高	75	92
坐高	85	85
臂长	80	87
腿长	77	92
足长	82	82
头宽	95	76
肩宽	77	70
腰宽	79	63
盆宽	75	85
头围	90	72
胸围	54	55
臂围	65	60
腿围	60	65
体重	68	42
去脂体重	87	78
心脏形态	82	82
肺面积	52	52
胸廓形态	90	90
膈肌形态	83	83

4. 智力与个性特征的遗传度

智力与个性特征,在很大程度上受先天遗传因素影响,有研究称,智力的遗传度平均高达70%左右,个性特征中的各种指标的遗传度也均在60%以上(表2-4)。

表2-4 个性特征的遗传度

指标	比例(%)
运动速度	93
判断的果断性	96
对反对的抵抗	95
柔顺性	91
运动冲动	90
好奇性	87
冲动协调	86
意志坚韧性	83
对矛盾的反应	80
运动制约	65
基本情绪	75
活力	79
思考能力	72
心理状态	60
意志坚韧	77

5.运动素质的遗传度

个体的运动素质表现,会受一系列因素的影响,有很多运动素质的发展在早期遗传因素研究中就能判断个体在之后几年、成人后的运动素质将会达到一个什么样的水平,也正因如此,在体育运动人才的选拔中,有些运动项目的后备人才选拔非常看重运动素质的遗传影响(表2-5)。

表2-5 运动素质指标的遗传度

指标	比例(%)
反应潜伏期	86
动作速度	50

续表

指标	比例(%)
动作频率	30
反应速度	75
相对力量	64
绝对力量	35
柔韧性	70
无氧耐力	85
有氧耐力	70

(二)环境因素

这里所说的环境因素包括自然环境,也包括社会环境。我国地域广阔,自然地理环境复杂多样,不同地域的人们的身体形态不同、身体素质不同,"一方水土养一方人",充分说明了自然地理环境对人的生理、心理、社会性发展的影响。

社会环境中对个体和群体健康有重要影响的因素包括政治、经济、卫生、教育、医疗等因素。不同地区的居民的体育观念、体育健身意识、体育消费水平等都与社会环境有密切的关系。

1. 自然环境与个体健康

自然环境是人赖以生存的基础,无论是人的生存与发展,还是整个人类社会的建设与发展,都离不开客观自然环境,人的一切生活和生产资料,归根结底,都来自大自然的馈赠。

不同的地理环境可使生存在这里的人们产生不同的生产生活方式,这对于本地人们的健康有重要影响。具体来说,自然环境中与人的体质水平有直接关系的相关因素主要有如下几种:

(1)经纬度:我国国民体质健康水平与经纬度数呈正相关关系。

(2)海拔:我国国民体质的健康水平与海拔呈负相关的关系。

（3）气温：我国国民体质的健康水平与年最高温度呈正相关的关系。

2. 社会环境与个体健康

人具有社会性，每一个人都是社会的成员，都有一定的社会关系和社会活动存在。一些社会因素的发展变化和水平情况会对人的吃、穿、住、行产生影响，进而影响人的身体健康状况。

（1）政治因素对社会的影响面非常广，这就使得社会生活的各个方面都可能对人民群众的日常生活与健康带来影响。简单举例来说，在我国古代政治清明的时代，经济与文化的发展往往也较好，百姓安居乐业，健康水平高，而战乱时代，民不聊生，百姓生活水平低，健康水平低，非正常死亡率也会大大提高。当前新时代，党和国家政府高度重视人民的健康和幸福，尤其关注青少年儿童的健康成长，还发布了一系列的法律法规和政策来切实保障每一个公民参与体育运动的权利，全面推动我国全民健身计划的开展，不断提高人民的生活水平、生活质量、生活幸福感，人民群众的身体健康状况较前几年相比有了较大提高。

（2）一个国家和地区的经济发展状况会在很大程度上影响该国家和地区的健康水平，经济发展态势良好，国家和地区的卫生、医疗等条件有保障，这对于该国家和地区的人民的健康状况有良好的促进作用。通过一些数据指标的分析可以充分了解经济发展水平与人们健康发展水平之间的关系，一般来说，一个国家和地区的国民生产总值（GDP）越高，则该国家的出生率、平均期望寿命越高，死亡率、婴儿死亡率越低。

（3）社会心理也是影响个体和群体健康的一个重要因素，所谓社会心理，是整个社会群体所具有的共同的对社会现象、社会道德、社会事件认知的心理。当前社会，我国社会正逐渐向知识型社会转型，竞争压力大，社会竞争无处不在，快节奏的社会生活和社会生活中的各种问题给人们造成一定的紧张和压力。人们要适应社会发展的需要，在现代生活中获得更多的生活生存资料,获得更多的社会认可,就必须不断学习,迎难而上,提高自身的知识水平和技能。整个社会群体的奋发向上、不懈努力,是社会进步的特征,但也无形地增加了人们的心理压力,无论男女老少,进入社会后,就会面临着各种评优、选拔、对比、竞争和晋升等,随着年龄的增加,也会有各种不同的挑战纷至沓来,现代人的心理负荷不断增加,这也是导致当代人亚健康与生理、心理疾病的发生率持续上升的重要原因。此外,我国社会具有鲜明的"人情社会"的特征,这在很大程度上造成了社会竞争的不公平性,可导致一些人出现心理失衡和心理扭曲。如果这种情况扩大化,必然会导致整个社会的不健康发展,对社会精神文明建设不利,具体到个人,也不利于个人的心理健康、道德健康和生理健康发展。

（4）社会道德对健康的影响。道德健康是健康的重要方面,如果一个人做了违背道德的事情,必然会承受一定的心理压力,可诱发疾病。从整体来看,一个国家和民族的健康素质高低,必然与其道德风尚成正比关系。如随地吐痰必然会使结核病发病率增高,乱堆粪便垃圾也必然导致肠道传染病的发病和流行。

（5）文化教育对健康的影响。人类创造文化,文化反过来影响人类发展。随着社会的进步,生产范围的扩大,人类的文化水平也在不断提高,但文化发展具有不均衡性。现阶段,我国人民的物质生活已有了显著改善,但很多风俗习惯中消极因素和迷信因素的影响仍然存在,如讳疾忌医、患病后求偏方、求神拜佛等。当前,我国学校教育重视教育健康教育与体育教学,正是国家关注民生健康,通过学校教育教学改善和加强青少年学生群体健康意识、健康知识与健康技能水平,进而促进全民健康的决心。健康教育对我国国民体质健康提升意义重大。

（三）心理因素

积极的心理状态是保持和增进健康的必要条件,保持积极乐观的心态是人们适应环境的良好表现。良好的情绪、心态、意志力等,对个体的健康有非常重要的影响。

以情绪为例,良好的情绪可以使人保持精力的集中与旺盛,进而提高健康水平。如果人情绪不好,则会引起人体内环境的不稳定,进而可诱发不健康因素和症状,如消化性溃疡、失眠、心动过速、紧张性头痛等。

我国中医理论认为,"怒伤肝""悲伤脾""恐伤肾"。现代医学心理学的研究也证明了许多疾病的发生、发展与心理因素有关。

(四)运动因素

当前高校重视大学生课堂教学活动的开展和课外体育健身活动的开展,鼓励大学生参加各种形式的身体练习,与周围环境及卫生因素相结合的体育健身锻炼,从而达到健身、娱乐与防治疾病的目的。

在体育活动的众多形式中,身体锻炼是较为典型的一种,能够对人体发挥良好的健身、健美及健心功能。由于人们的身体形态、身体机能、运动能力、适应社会环境的能力以及抵抗疾病的能力都有很大的发展与增强的潜力,只要运用科学合理的方法进行身体锻炼,就能够很大程度地增强体质,防病治病。

当前我国有相当一部分青年学生存在营养过剩、室内学习时间过长、运动不足的问题,由此引发近视率、肥胖率不断上升。

科学的运动健身有助于促进身体的健康发展,运动健身对人体的促进作用简单列举如下:

(1)使人体的正常生长与发育得到保障。

(2)提高人体机能水平与基本运动能力。

(3)保持年轻,达到延年益寿的效果。

(4)缓解不良情绪与心理,使自己精神饱满。

(5)促进自身对外界环境适应能力的提高。

(6)拓展交际范围、融入社会、提高社会适应力。

(7)防治疾病。

(8)保持与恢复身体功能。

科学运动健身对个人的生理健康、心理健康以及社会健康的促进作用将在本书后面章节详细介绍，这里不再赘述。

二、运动锻炼的健康促进原理

运动是影响健康的一个非常重要的因素，运动可促进个体、群体健康，其根本原理就在于运动锻炼可对个体的生理形态、生理结构产生积极的影响，具体分析如下：

（一）运动的生理本质

运动是人的一种主动调动身体运动系统以及身体各器官和系统开展活动的有目的、有主观意识的行为。

个体参与运动，首先是身体的活动，其次是心理的活动，具体活动过程中，有机体完成各种动作，是由身体各部分的肌肉相互协作完成各种动作才能完成的，有一些动作的完成是经过身体的反复练习形成的，例如，日常走路、手臂摆动动作，在做动作时不需要思考动作构成、动作环节、动作完成时身体各部分的用力，已经形成了自动化的动作。在体育运动过程中也是如此，很多技术动作经过反复的练习之后，使得大脑皮层动觉细胞可以和皮质所有其他中枢建立暂时性神经联系，包括内、外刺激引起皮质细胞兴奋的代表区在内。

运动实践表明，当运动者置身于一定的运动环境中时，能通过环境给予身体的信息，来对周围的运动环境做出动作反应，如乒乓球运动中看到来球后就能迅速反应出手迎接球；足球运动中看到来球就能马上移动走位和出脚踢球或传球；篮球运动中看到对方队员的布阵或拦截，能及时判断对方意图并做动作运球离开或做投篮处理。运动者在完成具体的技术动作时不需要思考第一步该做什么，下一步该调动哪一部分肌肉，手或脚应该放到哪一个位置。经常性的动作会形成自动化反应，人体运动的生理本质，就是人体建立运动条件反射的过程。

（二）运动适应

运动过程中，当外界运动负荷刺激作用于有机体时，运动者的身体就会产生一定的反应，这种刺激在一定范围内持续一段时间，有机体就会慢慢适应这种刺激，这就是人体的生物适应原理。

在参与运动锻炼时，机体接受一系列的生理负荷刺激，从而促进自身在形态结构、生理功能和生物化学等方面产生一系列积极的适应性变化，这种变化的外部表现就是运动者的体能素质增加、形体发生积极变化（肌肉增大、体型健硕、形体优美等），运动水平和技术能力提高，这些身体对运动的适应变化是运动的效果。

运动者的生理负荷量的大小具体可以通过某些生理或生化指标进行衡量。运动锻炼过程中，运动者机体的运动负荷刺激可通过有机体外部和内部两种形式表现出来，分别包括量和强度、心率、血压、血乳酸等指标的变化。

运动对机体的刺激越大，机体的运动适应性变化（反应变化）就越明显。

运动锻炼过程中机体对锻炼内容的适应需要经过以下几个阶段：

（1）刺激阶段。锻炼初期，机体接受各种运动刺激。

（2）应答反应阶段。在负荷刺激下，运动者机体器官、系统充分动员、积极工作，使整个机体都进入运动状态。

（3）暂时适应阶段。机体器官和系统持续接受刺激，在充分调动器官和系统工作能力的基础上适应运动刺激，使有机体能维持当下强度的运动。

（4）长久适应阶段。长期坚持锻炼，机体完全适应锻炼负荷，在运动中能表现出良好的身心状态，说明身心运动能力得到了提高，可轻松应对当下运动负荷。

（5）适应衰竭阶段。负荷过低或过高，难以达到锻炼效果或导致机体受伤。

（三）应激原理

所谓应激，指个体对于外部强负荷刺激（应激源）会产生一种生理和心理的综合反应。

应激可分为积极应激和消极应激，科学的运动健身，可有效地消除学生的消极应激、增强学生的积极应激，促进学生的体能、智能、运动能力的全面发展。

科学的运动健身能使学生肌肉强健、心肺功能提高，促使内啡肽释放，降低焦虑，改善心境，使学生保持身心平衡。

不科学的运动健身锻炼可导致学生产生心理耗竭，即如果长期进行强度过大的运动，不仅会损害身体，还会产生心理耗竭，导致身心俱疲。

通过参加运动健身和训练提高体能水平、运动技能是一个长期艰苦的过程，要求运动者必须具备不怕困难、不畏艰辛、坚持锻炼和训练的毅力，同时，根据运动应激原理，要良好发挥运动对大学生的积极应激，在大学生的运动健身训练和运动训练指导中，教师应注意大学生的合理身体休息和心理疏导，结合大学生的实际情况科学选择和安排体育健身与训练活动，切忌急于求成，避免长时间、强度过大的运动训练，以免给大学生身心造成伤害。

（四）超量恢复

超量恢复，又称"超量代偿"，是有关运动休息期间能量物质消耗和恢复的学说，是指导科学运动的重要理论学说。

超量恢复原理指出，机体参与大负荷的运动之后，能量物质恢复不仅能到原有水平，而且在恢复到运动前水平后会继续补充能量，超过运动前水平（图2-1）。

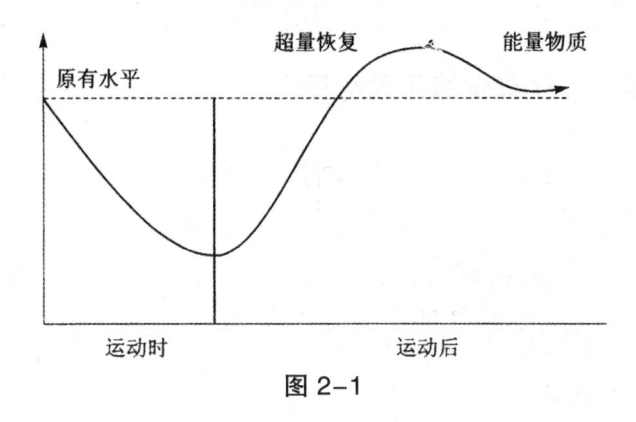

第二章 新时代大学生体质健康教育发展展望

图 2-1

大学生参与运动锻炼,应充分尊重和利用超量恢复原理科学安排运动锻炼与训练实践活动,具体要求如下:

(1)科学安排运动负荷,控制在身体可承受范围内。

(2)科学安排运动间隔时间。

(五)身心互制

人的身心发展是分不开的,个体是一个综合的存在,不仅包含躯体,而且包含意识。生理和心理二者相互影响、相互制约、共同促进。

现代健康新概念强调多维健康,真正的健康是在生理、心理和社会适应方面具有良好的状态。世界卫生组织对健康的多维内容的阐述,即"健康不仅是指没有疾病和不虚弱,而且包括身体的、心理的和社会的健全状态"。

就大学生体质健康教育的本质而言,大学生承受一定量的运动负荷不仅可引起生理方面的变化,还会影响大学生的运动心理,大学生必须克服运动健身过程中的各种困难,积极投入到技能学练过程中去,良好的心理有助于提高大学生的运动健身与训练效果。

大学生体质健康教育是一种全身心的健康教育,教育教学中,教师要充分利用多种途径和方式来增进大学生的身体健康,增强体质,同时也应该充分发挥运动对大学生的多方面的作用和影响,促进大学生身心的全面健康发展。

三、运动的个体健康干预与促进

个体健康受多种因素的影响,通过对这些因素的干预和改变,可促进个体的健康状况的变化。结合前面对个体健康影响因素的分析,通过运动健身对其中的一些因素进行干预和影响,可以促进个体的健康向着良好的方向发展。

(一)母婴健康

科学参与运动健身可促进个体的生理健康水平的良性变化,排除遗传疾病和突发治病性因素,在其他条件相当的情况下,具有较高体质健康水平的父母,尤其是母亲,所孕育出的胎儿也会健康状况良好。

随着我国全民健身各项工作的不断推进,大众健身意识逐渐增强,以往不科学的健身观念与观点也在逐渐得到纠正。

传统健身育儿观念认为"孕期不宜锻炼",这一观点是不科学的,妊娠是每一位女性生命中的重要时刻,很多妊娠期女性都非常关注胎儿的健康,因此在妊娠期也格外关注自己的身心健康状态,很多女性在妊娠期本着"宁可信其有,不可信其无"的心态,在运动健身方面持"保守态度",不敢参与任何体育运动健身锻炼,实际上,这种在妊娠期"忌讳健身"的观点和行为正在慢慢发生着改变。

现阶段,越来越多的人开始认识到,在妊娠期进行适量的体育健身是十分必要的。研究表明,在妊娠期进行身体锻炼对神经系统有良好的作用,可以使孕妇保持较好的身体状态和精神状态。

作为一个特殊的时期,孕期的母婴健康对产妇和胎儿的健康具有重要意义,直接关系到母亲的身体健康状况,更关系到胎儿是否能健康发育。在孕期,产妇需要各种营养补充,随着胎儿的成长,会使产妇体型变大,出现肥胖、臃肿,并且幼儿身体的激素的变化会使产妇产生各种身体不适,营养过剩和运动不当还可导致产妇的自卑、胎儿巨大,对产妇和婴儿的健康都是非常不利的。妊娠期合理的运动是孕期保健的重要内容之一,其能有效预防孕期肥胖,缓解孕妇的腰腿痛,降低患糖尿病、肿瘤、心脑血管疾病、子痫等的风险,有利于孕妇健康和胎儿的生长发育。[①]

实践证明,孕期科学参与运动健身对于孕妇来说,有助于缓解孕期各种身体不适,使孕妇保持愉悦身心,帮助孕妇消除腿部和脚部的浮肿,并能缓解和避免便秘及各种妊娠并发症的发生。实验表明,通过对比实验研究,相较于选择常规保健护理的对照组,选择孕妇饮食营养和健康保健的观察组的饮食、运动情况,以及胎儿的健康状况均较优。[②]更重要的是,科学和适当地参与孕期健身,有助于增强孕妇的肌肉力量,尤其是有针对性的健身练习可以提高孕妇盆底肌的力量,促进呼吸系统功能提升,为日后的分娩做充分的准备。有数据表明,孕期科学健身,产妇顺产率可达95%,充分说明了体育运动对于女性生殖健康的重要性。妊娠期合理运动是孕期保健的重要内容,任何正常、无病理性并发症的孕妇,应在保证安全的前提下,在妊娠不同时期选择不同强度、多种形式的合理运动。[③]

有调查证实,在孕期保持良好健身习惯的孕妇,其所生下的宝宝的体质健康水平较高,且在之后会表现出对外界环境的良好适应能力,不容易生病,还有一些婴幼儿在成长过程中会表现出一定的运动天赋,这都充分表明了孕期健身对胎儿和婴幼儿的健康成长具有重要的作用。

因此,女性孕期健身,可改善其自身身心健康状况,也能有效促进胎儿和新生婴儿的健康。

---

① 尹亚楠,罗碧如.妊娠不同时期孕妇对运动的认知及现状调查[J].护理学杂志,2015,30(2):17-20.
② 毕旭辉.孕妇饮食营养和健康保健与母婴健康的关系[J].心理月刊,2019(17):88.
③ 匡文娥.妊娠期妇女合理运动的研究探讨[J].基层医学论坛,2019(19):2811-2812.

需要特别提出的是,妊娠期参与体育运动健身促进母婴健康应做到健身的科学性,具体可参考表 2-6。

表 2-6　妊娠期女性体育计划

孕期	体育内容	运动负荷 心率（次/分）	运动负荷 时间（分）	运动负荷 频率（次/周）	健身指导
孕前	慢走、慢跑、走跑交替、爬楼、瑜伽等	110～130	20～40	3～5	积蓄体力
妊娠初期（1～3个月）	散步、徒手操、快走、按摩、瑜伽等	100～120	20	5～7	遵医嘱,避免流产
怀孕中期（4～7个月）	快走、慢跑、爬楼、力量练习、瑜伽等	110～130	30	1	避免腹部冲击,无其他注意事项
怀孕后期（8～10个月）	慢走、瑜伽等	100～120	20	1	饭后进行,应有人陪伴
产后	走、慢跑、走跑交替、爬楼、瑜伽等	110～130	60～120	6～8	产后1～2天下床；产后15天可室外散步；产后2月可恢复产前运动

（二）终身健康

运动健身,可令人终身受益。

体育运动是一种积极的、健康向上的生活方式和生活习惯,应该融入人们的日常生活,并应该长期坚持参与,让其成为一种终身习惯,每个人都应该建立终身体育意识,坚持从事体育健身锻炼，通过参与体育运动，保持和呵护自我健康成长、发展。

终身运动健康观念认为，从出生开始一直延续到生命的结束，在人的一生中，都应养成参加体育锻炼的习惯，在人的一生中的不同阶段，都应该以正确的价值观念来指导和引导个体参加体育活动，具体表现如下：

（1）体育健身应贯穿于人的一生。

（2）体育健身项目应丰富多样，选择性强。

（3）体育健身应全民参与。

（4）体育健身可提高全民体质健康水平，实现国富民强。

在新时代的大学生体质健康教育教学中，"终身体育"教育理念强调大学生体育健康教育教学应符合学生生长发育、心理健康发育的客观规律，以及健身的长久性，将体育教育时间大大延长，既包括大学生的在校体育健康教育，同时也包括大学生毕业步入社会之后一生的体育健康教育。

需要特别指出的是，"终身体育"教育理念的教育对象是面向整个人类社会，"终身体育"教育不仅仅局限于学生，也包括社会大众。通过针对新时代大学生的体质健康教育，来影响大学生群体背后的整个家庭成员、社会关系成员，进而辐射到全社会，来提高全民的体育健康教育意识和体育健康知识与技能水平。通过对大学生的终身体育教育，使大学生掌握必要的体育运动健身知识、方法、技能，并能够做到日常健身的因地制宜、因人而异，不同的大学生应结合自己的实际选择具体的锻炼内容和方式，以此来促进身心的健康发展。

（三）女性健康

男女老少参与运动健身皆可受益，女性与男性生理结构与特征不同，同时女性具有孕育生命的重要生理功能，女性健康关系到一个国家和民族的未来发展，因此应该受到格外重视。

女性参与体育运动，对女性的身心健康发展是十分有利的，不仅有助于帮助女性健康成长、增强体质健康水平、提高心理健康水平,还能帮助女性平稳度过个人成长过程中的特殊时期,始终保持健康的身心状态。

1. 女性月经期运动健身

月经是女性的一种特殊生理特征,研究表明,女性在月经期由于子宫及盆腔充血及性腺分泌,会有各种身体不适,如腰酸、腹胀、腹部下坠、无力、头晕、困乏、心情烦躁等,但仍可从事一定程度的体育健身锻炼,而且,合理的健身活动可有效缓解身体不适和促进经血的排出。

月经期女性运动健身要求如下:

(1)按照平时体育锻炼习惯,适当降低运动负荷与运动强度。

(2)注意经期运动卫生。

(3)如经期有严重的痛经(腹部剧痛、头晕恶心、出虚汗),应停止运动。

2. 青春期女性运动健身

青春期女性新陈代谢旺盛,加上激素分泌特点,身体会逐渐肥胖,心理上会含蓄、喜静。青春期女性科学参与运动,可进一步促进身体发育,塑造完美体形,并能建立自信,有效改善心情与促进性格完善。

青春期女性运动健身要求如下:

(1)结合身体素质发展特点,有针对性地进行身体素质练习。

(2)青春期女性健身的主要动机是保持优美形体,不适合参与大强度、力量类运动,以免练出肌肉。

(3)注意对不良体态、畸形动作的纠正。

3. 更年期女性运动健身

女性在45—55岁会因为生理上的变化(如停经、内分泌改变)表现出心理上的共性,如烦躁、失眠、忧郁、疑心、心悸等,不同人更年期的身心反应不同。

更年期女性参与运动健身可释放身心压力,体会运动快乐,

拓展交际圈,丰富晚年生活。更年期女性运动健身科学指标要求如下:

(1)心率:100～130次/分钟。

(2)频率:每天运动,每次约30分钟。

(3)体感:身体发热、微微出汗即可。

四、运动的社会健康发展与促进

(一)增强国民体质

运动有助于促进个体和群体身心健康发展,对全社会而言,体育人口的不断增多可促进人民群众体质健康水平的提高,大众体质健康水平的提高能有效促进我国社会文明病的减少,能有效改善现代社会中很多人的亚健康状态,有助于增强国民体质。

(二)促进小康社会的发展

新时代,我国社会各个方面都在不断深化改革,运动健身作为一种健康生活与休闲方式,体育作为一种社会文化形态,不仅仅是增强体质的手段,也是促进健康的一项人类社会实践过程。

对比来说,原始社会,体育是用身体活动娱神娱己的社会活动;工业社会,体育被视为落后国家强民救国的工具;信息社会,体育真正显示出"促进健康"的社会价值。

现阶段,我国大力推动群众体育事业的发展,运动健身活动推广是新时期改善和提高整个民族健康水平的一项重要活动,随着社会生产力水平的不断提高,人们闲暇时间的日益增多,人们对健身娱乐的需求更加迫切。《全民健身计划纲要》提出的首要奋斗目标是"努力实现体育与国民经济和社会事业的协调发展,全面提高中华民族的体质与健康水平,基本建成具有中国特色的全民健身体系",这对于我国体育发展来说具有划时代意义。

新时期的体育运动健身不仅关系到个人健康,也关系到人民群众生活质量和生活幸福感的提高与获得。

(三)促进社会经济的发展

随着我国经济飞速发展,社会物质财富不断增加,国民健身意识不断增强,体育运动深入人心。

体育运动直接促进了国民体质健康水平的提高,也促进了体育对国民经济发展的贡献力(图2-2),我国体育社会化和普及化程度大幅度提高,大众体育消费意识不断提高,参与体育健身、欣赏体育比赛成为新时尚。

2010—2017年我国GDP增速和体育产业增速

图 2-2

(四)促进社会文明的发展

新时期的体育健康教育不仅仅局限于校园空间环境内,也包括社会环境中的体育健康教育。

当前,全民体育运动意识与健康意识的提高与改善,有效促进了体育运动健康活动参与向人民群众的日常生活中的渗透。越来越多的人参与体育运动健身活动,有助于丰富大众业余生活,密切社会人际关系,促进多元体育文化交流,增强全民体育道德与体育素养水平的提高,有助于促进社会精神文明的建设与发展。

（五）促进人类社会的发展

运动健身是促进人体健康发展的主要手段，新时期，我国的体育目标将重心放在发挥体育对身体健康的促进作用，将体育运动对健康的意义上升到人类文明的层面，这包括体制健康、社会健康等。由此，运动健康从对个人身心健康演变为人类社会的价值取向。

新时代的体育运动不仅仅是一种体育活动形式，更是一种文化，融入到现代社会的方方面面。现代社会的人类对体育运动健身、休闲、娱乐等服务有着巨大的需求。许多体育运动活动的定位将更加明确，多定义为健康服务。

人人都有参与体育运动、追求健康的权利，参与体育运动将成为个体的终身需要和全民的永恒需求。人类需要健康，健康需要体育运动。体育运动能为人民群众的发展提供健康发展动力。

第二节　大学生体质健康教育新理念

大学生体质健康教育是促进大学生健康全面发展，为社会培养合格与优秀人才的重要和有效手段，大学生体质健康教育应真正将"健康"放在首位、落到实处，要坚持将重点放在作为教育对象的"人"，即大学生身上，健康教育不仅要促进大学生在校期间的身心健康发展，也要使大学生在毕业进入社会后同样能受益，健康教育应惠及其一生。这里就大学生体质健康教育的"健康第一""以人为本""终身体育"教育理念详细分析如下：

一、"健康第一"

(一)"健康第一"教育理念的提出

"健康第一"这一理念最早在我国提出是在20世纪50年代,1950年,毛泽东为了改变新中国成立之后学生负担太重、健康水平日益下降的基本现状,首次提出"健康第一"思想。

1990年6月,教育部和卫生部首次联合颁发《学校卫生工作条例》,依法将健康教育纳入学校体育教学。

20世纪90年代,为了促进我国体育教育改革,"健康第一"理念被再次提出并引起重视。

2005年,党中央国务院公布《关于深化教育改革全面推进素质教育的决定》,进一步明确"健康第一"的体育教育理念的重要地位与作用,新时代的"健康第一"教育理念强调,"健康"是一种多维的健康,不仅包括身体的健康,还包括心理健康、社会适应、生殖健康、道德健康等。

在大学生体质健康教育中,坚持以"健康第一"教学理念为指导,应通过开展体育教学活动、组织大学生体育运动健身锻炼,促进大学生的身心健康全面发展。

(二)"健康第一"教育理念的落实

"健康第一"要求大学生体质健康教育应将促进大学生的身体健康发展放在首位。

大学生体质健康教育应有助于大学生生理健康的发展,使学生在校期间能接受正确的体育健康观念的教育,使大学生得到锻炼身体能力的机会,使大学生对参与运动对人体短期、长期的各种影响有一个深刻的认识。

此外,通过大学生的体质健康教育,应使其认识到生活、学习、工作等一切活动都离不开一个健康的身体,使学生在观念上把参与运动锻炼作为一种自觉的行为,通过参与多种形式的活动增强体能、改善体质、提高运动能力、提高身体抵抗力。

二、"以人为本"

(一)"以人为本"教育理念的提出

"以人为本"教育理念是在现代人本主义教育思想的基础上发展起来的。20世纪50年代的教育改革中,教育被视为人们获得更高技能与认可的一个途径,"教育工具化"。随着社会科学技术的不断发展,人们逐渐认识到,所有活动的开展,应落实到"人"身上,"人"是一切活动的基础,现代教育亦是如此,健康教育更不例外。

(二)"以人为本"教育理念的落实

新时期,对人性化教育、人本化教育与教育的意义与价值方面的改革是我国体育教学改革的重要方向之一。"以人为本"是我国体育教育的重要思想,也是当前大学生体质健康教育的教育方向和发展趋势。

参与体育活动,人,是活动的主体,在大学生体质健康教育中,人,是教育的对象。

大学生是大学生体质健康教育的主体,大学生体质健康教育最根本的目标是促进大学生的健康水平全面发展,因此,要在大学生体质健康教育中注重学生的体育运动参与引导,激发大学生的体育参与兴趣与热情。

此外,要真正促进大学生健康发展,就必须关注大学生的健康需求,在大学生体质健康教育中,教师必须认识到,人是运动的参与者、运动的主体,任何体育运动的教学、训练、课外活动指导,都必须以促进人的全面发展为根本目标。

新时代的教育是关注人的教育,"育人"是学校体育教育教学工作的最根本目标,学校体育教育(包括体育健康教育)应该把重心从单纯地追求学生的外在技能水平向追求学生的全面协调发展转移。"人的全面发展"是以健康的体魄为基础的,学校应促进学生对体育运动健身锻炼知识、方法与技能的掌握,还应该加强与体质健康有关的一切知识与技能的教育,包括加强营养指导,让大学生了解有关营养、卫生保健的知识;加强运动医学教育和运动医务监督,让大学生能科学掌握具体的运动伤病预防、运动保健的方法,能够在体育运动锻炼过程中关注自身的运动开展是否合理,如何正确应对意外。此外,还要紧密结合大学生生长发育与生活实际开展健康教育,让健康观念和行为真正融入大学生日常生活。

三、"终身体育"

(一)"终身体育"教育理念的提出

所谓终身体育,具体是指人从生命开始至终结,在整个过程中都要参加体育锻炼。终身体育是终身教育的重要组成部分。

随着"全民健康"上升到国家战略的高度,党和国家、社会各界越来越关注人的健康发展。体育作为一种健康的生活方式和手段,能有效促进人们的身心健康。体育教学中,"终身体育"教育理念被明确提出,这是我国新时期体育教学改革的必然要求,也是新时期提高国民素质、建设体育强国、建设健康中国、实现民族复兴的必然要求。

(二)"终身体育"教育理念的落实

我国传统教育思想影响下,体育教育过于重视技术、技能的教学,而忽略了其他方面的教学内容,导致学生在走出校门、走向社会后,几乎不再参加体育运动,健康水平持续下降。

"终身体育"教育理念指导下的大学生体质健康教育中,教师应引导学生养成参与体育运动锻炼的习惯,将体育运动健身锻炼纳入自己的生活,并坚持终身参与。

"终身体育"教育理念指导下,大学生体质健康教育不是只追求某一特定的运动技能和运动的熟练程度,而是科学认识和理解体育的价值,积极学会健康知识、促进健康的技能、保持健康的手段,坚定健康的信心和终身关注健康、参与促进健康的行为落实。

终身体育,对于促进大学生的身心健康发展和促进大学生的社会适应能力均具有重要意义,终身体育下的终身健康是大学生实现自我健康发展、实现个人价值和社会价值的基础。

第三节 大学生体质健康教育新政策

一、国家层面的体育与健康教育政策

国家层面的体育与教育相关政策对学校体育健康教育和社会健康教育有重要的导向作用。国家体育与教育政策也能充分说明当前和未来一段时期内我国体育与教育的发展方向。

(一)《全民健身计划纲要》

《全民健身计划纲要》(以下简称《纲要》)的颁布实施,标志着我国大众健身事业进入一个新的发展时期。

"全民健身"是一个综合性的健康概念与范畴。

"全民"是指十几亿具有中国国籍的国民,不分老幼男女,不分南北东西,包括侨民。

"健身"是人的身心全面多维健康。

《纲要》是促进我国新时期全民健身事业科学发展的纲领性文件,对我国惠及全民的体育健身事业发展进行了有计划的科学部署(表2-7)。

表 2-7 《全民健身计划纲要》规划

工程分期	工程细分	目标
第一期工程 （1995—2000年）	第一阶段 （1995—1996年）	"进行宣传发动和改革试点,初步掀起一个全民健身活动热潮"
	第二阶段 （1997—1998年）	"通过重点实施,逐步推进,形成崇尚健身、参与健身的社会环境和社会风气"
	第三阶段 （1999—2000年）	"全面展开全民健身计划的各项工作并普遍取得成效,建立具有中国特色的全民健身体系的基本框架"
第二期工程 （2001—2010年）	第一阶段 （2001—2005年）	"把全民健身工作提高到一个新水平,基本建成具有中国特色的全民健身体系"
	第二阶段 （2006—2010年）	

2010年2月,国务院颁布《全民健身计划纲要》第二期工程（2001—2010年）规划,2011年3月,国务院又颁布《全民健身计划（2011—2015年）》。

《全民健身计划（2011—2015年）》（国发〔2011〕5号）为全民健身的开展奠定了领导和组织基础。

2016年6月,我国颁布和实施《全民健身计划（2016—2020年）》,全民健身上升到了一个新高度。

"全民健身计划"系列文件的推出,对我国健身事业的发展和社会各方面的发展有重要促进意义。

（二）《"健康中国2020"战略研究报告》

2012年8月17日,"2012中国卫生论坛"上,原卫生部部长陈竺代表"健康中国2020"战略研究报告编委会发布了《"健康中国2020"战略研究报告》。

《"健康中国2020"战略研究报告》包括总报告和以下6个分报告：

（1）《促进健康的公共政策研究》。

（2）《药物政策研究》。

（3）《公共卫生研究》。

（4）《科技支撑与领域前沿研究》。

（5）《医学模式转换与医药体系完善研究》。

（6）《中医学研究》。

从内容来看，《"健康中国2020"战略研究报告》中对健康以及与健康有关的卫生、科技、医学等的研究，都表明了当前我国对民生健康的关注，民生健康、国民健康是党和国家关注的重点课题，是国家与社会发展的重中之重。

（三）《"健康中国2030"规划纲要》

2016年8月26日，中共中央政治局会议中审议并通过《"健康中国2030"规划纲要》。

2016年10月25日，中共中央、国务院发布的《"健康中国2030"规划纲要》中指出，要"促进全民健身与全民健康的深度融合"，为新时期我国进一步推进"健康中国"的建设，进一步提高人民健康水平指明了新方向。

关于"健康中国"建设，《"健康中国2030"规划纲要》指出了三个阶段建设的具体指标（表2-8）。

表2-8 健康中国建设主要指标[1]

领域	指标	2015年	2020年	2030年
健康水平	人均预期寿命（岁）	76.34	77.3	79.0
	婴儿死亡率（‰）	8.1	7.5	5.0
	5岁以下儿童死亡率（‰）	10.7	9.5	6.0
	孕产妇死亡率（1/10万）	20.1	18.0	12.0
	城乡居民达到《国民体质测定标准》合格以上的人数比例（%）	89.6（2014年）	90.6	92.2
健康生活	居民健康素养水平（%）	10	20	30
	经常参加体育锻炼人数（亿人）	3.6（2014年）	4.35	5.3

[1] "健康中国2030"规划纲要[Z].北京：人民出版社，2016：6.

续表

领域	指标	2015年	2020年	2030年
健康服务与保障	重大慢性病过早死亡率(%)	19.1（2013年）	比2015年降低10%	比2015年降低30%
	每千常住人口执业(助理)医师数(人)	2.2	2.5	3.0
	个人卫生支出占卫生总费用的比重(%)	29.3	28左右	25左右
健康环境	地级及以上城市空气质量优良天数比率(%)	76.7	>80	持续改善
	地表水质量达到或好于Ⅲ类水体比例(%)	66	>70	持续改善
健康产业	健康服务业总规模(万亿元)	—	>8	16

《"健康中国2030"规划纲要》在加强健康教育中,强调要做好两个方面的工作,一方面,要提高全民健康素养,完善基层健康服务体系;另一方面,要加强学生健康教育。通过学校体育教育,培养学生的终身体育意识、体育健康锻炼行为的养成,提高学生的体育运动能力,并通过学生影响其家庭成员的体育健康参与,即通过学校体育健康教育推进全民健康教育。

在我国关注人民群众健康、关注民生健康事业发展的大背景下,体育健康教育在各个领域广泛开展,高校作为重要的教育基地,大学生健康教育是全社会关注的焦点,大学生健康教育的良好开展也必将起到良好的带头和示范作用。

二、面向大学生的体育与健康教育政策

(一)《教育部国家体育总局共青团中央关于开展全国亿万学生阳光体育运动的决定》

新时期,为全面推动我国素质教育,落实"健康第一"教育理

第二章 新时代大学生体质健康教育发展展望

念与指导思想,教育部、国家体育总局、共青团中央决定从2007年开始,结合《国家学生体质健康标准》在全国各级各类学校广泛、深入地开展全国亿万学生阳光体育运动(简称"阳光体育运动")。

"阳光体育运动"的开展,是现阶段我国加强学校体育教育,提高学生体质健康水平的重要举措,通过全国大、中、小学阳光体育运动的开展,还有助于促进全员参与的群众体育的良好发展。

"阳光体育运动"以"达标争优、强健体魄"为目标,鼓励各级各类学校确保在校生每天有一个小时的体育健身锻炼时间,掌握至少2项日常锻炼的体育技能,切实提高体质健康水平。对于学生来讲,"阳光体育运动"为学生的体育健身锻炼提供了更加细化和具体的活动内容与时间要求,更有利于学生科学安排日常健身锻炼。

(二)《中共中央国务院关于加强青少年体育增强青少年体质的意见》

2007年5月7日,《中共中央国务院关于加强青少年体育增强青少年体质的意见》正式颁布,旨在进一步加强青少年体育、增强青少年体质。

在新时期,以2008年北京奥运会为契机,加强青少年体育,促进青少年健康成长,对于大力推进素质教育,培养社会的合格建设者和接班人具有重要意义。

(三)《国家学生体质健康标准》

《国家学生体质健康标准》(以下简称《标准》)是由我国教育部印发的,是当前评价学生基本素质的重要依据,《标准》适用于全日制普通小学、初中、普通高中、中等职业学校、普通高等学校的学生,《标准》坚持贯彻落实"健康第一"指导思想,旨在促进学生积极参加体育锻炼,养成健身习惯,提高健康水平。

2014年,我国新修订了《标准》,进一步简化了学生体质监测项目，测试更加简单有效，也更有助于促进学生有针对性地开展体育锻炼。

《标准》不仅有助于推动在校学生积极参与体育锻炼，还能为我国体育和教育相关部门及时、全面了解学生的体质健康状况提供必要的数据参考，有助于我国学校体育健康教育更加有针对性、更加有序。

第三章 大学生体质健康教育创新服务体系构建

大学生体质健康水平的提升有赖于出色的体质健康教育,而针对此的教育需要不断创新并构成体系,只有这样才能获得更好的教育成果。为此,大学生体质健康科学检测、家校合作共育以及体育网络服务平台等就成为这个体系中的组成部分。

第一节 大学生体质健康科学监测

党的十九大报告强调"加强和创新社会治理,打造共建共治共享的社会治理格局",这一新精神为新时代国家建设和社会治理指明了方向,同时也给未来社会创新治理提出了新的目标和要求。"共建、共治、共享"三个词语从根本上体现了以人民为中心的主体定位,反映了对人民参与权的认可,体现了对人民利益与意志的敬畏与尊重。

近二十年来,我国青少年体质水平下滑明显。尽管这一势头在近些年被有效遏制,但下滑势头并没有扭转,这显然成为制约我国国民体质向上发展的瓶颈。青少年的体质健康状况关系到民族的未来,特别是对于广大高校学生来说,良好的体质是其走上工作岗位,为祖国建设作出贡献的基础。

从国家层面来说,现如今国家对大学生体质健康监测等工作可谓是高度重视,颁布了一系列相关政策与条例。为了更好地贯彻落实《"健康中国2030"规划纲要》,需要在共建共治共享的社会治理格局下,将大学生体质健康监测工作顺利融入这一框架内,并借鉴这一理念的内涵提出切实可行的应因之策,以纾解大学生体质健康监测所面临的困境,从而切实提高大学生体质健康监测的社会化、法制化、智能化、专业化水平。

一、大学生体质健康监测的重点与动力

综观目前我国社会治理模式,可以发现其已经开始逐步由"管理"过渡到"治理",形成了企业自治、政府减政放权和职能转移、社会组织与政府共治的良性模式。十九大又对民众、社会组织、企业和政府等主体共同参与治理提出了明确要求,以求实现共享治理的预期成果。在此情况下,大学生体质健康监测的工作重点就要落在监测治理制度创新之上,以逐步完善相关决策过程与制度体系,加强对制度执行的监管,切实激发大学生体质健康监测各主体的积极性。这些都是实现治理制度创新的关键点。

从基层对于政策的执行面上来说,学校体育教学主管部门和学生处是开展大学生体质健康监测的主要执行部门。其中,一些学校也会通过邀请社会组织或专门从事体质监测的企业来负责这一工作。十九大报告指出,社会治理重心在基层。这使得各学校必然是大学生体质健康监测工作的重心,使监测体系建设成为治理重心。在建设的同时还要注重对相关主体积极性的调动。无数治理实践证明,价值认同对于多方共同迈向统一目标会带来坚定的信念,具体到大学生体质健康检测上,价值认同才能唤醒各方的参与意识,培养学生们重视健康、积极锻炼的意识和能力,并积极配合体质监测工作。不过,各主体对于价值的认同是要通过精心培育和塑造的,它不是一个自发形成的过程。为此,过程中就必定需要政策的支持、有效的激励以及优质的管理服务等带来的促进作用。

第三章 大学生体质健康教育创新服务体系构建

二、大学生体质健康监测的困境

（一）主体定位模糊，权责清晰度不足

"共建、共治、共享"理念的内涵包括化解利益壁垒，消除不同部门间的隔阂，构建多元治理主体协作局面。然而结合到目前的大学生体质健康监测方面，在相关工作中仍旧存在着治理主体成长与治理功能不匹配的问题，具体来说就是高校体育管理部门有限的权力与诸多服务职能不匹配的情况。高校体育管理部门是大学生体质健康监测的组织方，由该部门按规定组织开展体质健康测试工作，负责全校的体育工作，对学生的体质健康负责。高校体育教师是体育教学第一线的组织者，他们要承担的任务很多，如体育课堂教学、课外体育活动、运动队训练、体育社团指导、带队比赛等，此外，体质健康测试的各项组织工作连同后期的数据整合、分析与上报等也成为他们的工作任务。高校体育师资力量的缺乏以及教师素质的良莠不齐，使得对体质健康测试这一复杂而具体的任务很难做到严谨化、精细化和科学化，如此很难保证学生从监测中获得准确的信息。并且，国家出台的一些相关条例与文件并没有对体质监测工作的具体细节进行规定和说明，这样就会使得监测过程及结果的量化程度不足。还有国家出台的一些相关条例与文件对体质健康监测的其他主体的责任与权利更多是宏观层面的指导，缺乏具体规定。鉴于存在的这些问题，有关部门及高校体育管理部门就应着手明确对各主体间的定位，分清权利与责任，力求构建起一个职责清晰、分工明确的组织体系。

（二）政策执行尺度失当且深度不足

从国家层面来说，其制定有关学生体质健康监测的政策的目的是对该工作的开展起到督促、激励、动员、反馈等作用，核心则是为了提升学生体质。不过,在执行过程中,涉及的相关主体更多考虑到自身的利益,而并没有关注对权、责、利的把控,如此必然出现对政策的执行偏离现象。例如,一些学校为了提高测试达标率,会篡改上报的数据,如此获得的数据并不真实,而获得漂亮的数据也并不是开展学生体质监测的本意;再有,一些高校为了减少体育运动中的安全隐患(以减少学校应承担的责任),较少开设甚至取消包括体操、足球、田径中的部分项目等课程或活动。这是一种典型的因噎废食行为,但其背后所揭示的却是政策执行尺度的制度监管症结,此举并不会对提升学生体质有什么帮助,并且还会让人们对制度的公信力产生怀疑,产生了失范、无序、利益冲突等诸多风险,而且有悖于共治理念。

测试体系由准备工作、测试中的操作程序以及测试结束后的反馈与健康干预三个部分组成。上述三个环节虽有明显的顺序安排,重要程度却是相同的。不过,在实际操作中,更多的学校普遍重视前两项工作,而忽视测试反馈与健康干预工作,这会让监测工作显得更加形式化。对学生体质健康状况的监测总归是学生个人健康管理众多方式中的一项,要想使这项工作卓有成效,就必须注重监测后的反馈与行为干预,如此才能使学生意识到自身健康所面临的问题,以及明确如何做才能改变这一问题。

(三)科研引领滞后,治理成果共享不充分

在现代社会的任何领域中,科学研究的能力都决定了领域发展的空间与前景。科学研究的成果在促进体质健康监测领域中也有显著作用,其关键就在于确保监测的科学化与规范化进程。目前在实际当中,针对学生体质健康监测的理论研究进展缓慢,对实践起到的指导和引领作用非常有限,其突出体现在研究不够均衡,更多的研究针对的是操作方法,鲜有对所得数据的研究;研究较少涉及多学科的交叉融合,对研究成果的综合性分析效应弱。此外,还有一些研究成果只在一些较小的区域、环节或部分中获得了实践,但离达到理论的高度还为时尚早,广泛铺开难度较大,或在短时间内难以实现。这些科研理论的研究总是滞后于实践,这不仅难以实现理论指导实践,更与共建共治共享的理念相悖。

(四)监管制度建设滞后

教育部体育卫生与艺术教育司在2018年6月发文,"要求各地要在上报数据的基础上,不断完善上报、逐级审查、抽查复合、分析预测、反馈公示、评价应用等环节"。事实上,在此之前一些有关部委就已为做好这方面工作做出过指导。最为理想化的共建共治共享理念的价值取向是公共利益全民共享,同时确保平衡分配各主体利益。然而由于牵扯到诸多主体权益,为此,构建起体质健康监测治理体系并不容易,要经历行业标准化、政策约束化与市场商业化的多重考验。

从对学生的体质健康监测的实施角度来看,目前的监测工作还有许多不确定因素,如监测者由谁担当、监测方式是什么、现有监测结果的准确性和客观性如何、结果数据使用方法是什么等。上述这些问题目前为止还未明确,而监督和检查环节在理论上被认为非常重要,但在实际实施过程中又经常被忽视,形式感浓厚。尽管有人认为由第三方机构进行监测较为理想,但却没有相关操作细则来规范这种模式,如此导致现有监督制度规范下的监测活动出现流于形式的情况。基于此,监测之后的反馈与健康干预的依据就不客观,效果自然也不会理想。

三、共建共治共享理念下,大学生体质健康监测的优化纾解

学生体质健康是《"健康中国2030"规划纲要》中的一项重要战略任务,因此消解监管无章可循,服务粗放失范等制约因素是当务之急。这就要求必须坚持政府作为体质健康监测工作的组织领导核心,然而这并不意味着政府是唯一的治理主体,这一过程还可以有其他主体参与。加强大学生体质健康监测治理制

度建设,"协调各治理主体的利益关系,以有序的组织形式实现社会协同、公众参与、政府问责、法治保障的监测治理格局"是共建共治共享理念在此项任务的价值深化,明确多元主体的角色、职责与相互关系是相关制度建设的前提,以此在实践中推行事业层面的共同建设,行动层面的共同治理,以及治理成果的共同享有(图3-1)。

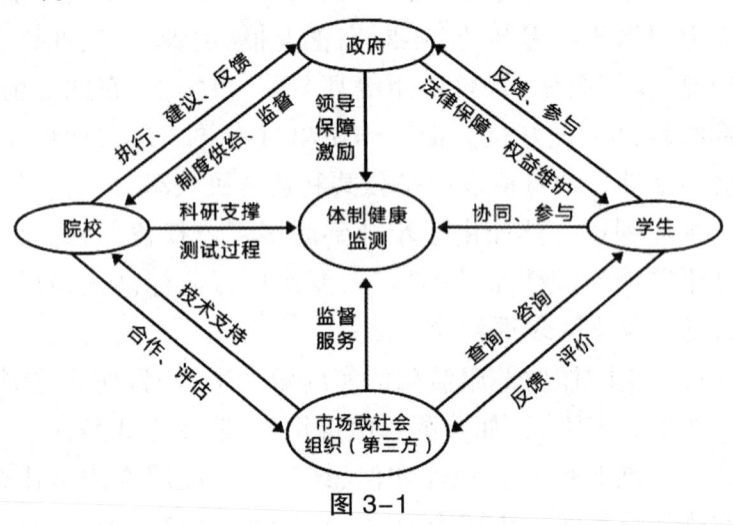

图 3-1

（一）明确各主体的职能定位

如果从法律层面出发来看待问题的话,参与体质健康监测的各主体都有依法参与共建共治共享的责任与权利,市场组织、社会组织或学生团体、个人、政府、学校都可以成为这项工作的工作主体。个人在这其中有着代表性与普遍性不足的缺陷,而市场组织为了获得最大的利益不能完全展现出大学生体质健康监测工作的公共服务属性。

十九大提出,明确"党委领导、政府负责、社会协同、公众参与"的共建共治共享社会治理格局,如此也确定了治理主体在共建过程中的主次顺序。为了防止像体质健康监测这种带有显著公共服务属性的工作的价值性与各主体价值不适配,就非常有必要对多元主体在体质健康监测中的角色、职责、相互关系予以厘清,这样可以使各主体的价值愿景与行动策略最为相近。这是一件关乎服务供给效率的问题,同时也是认定权利与责任的基础,可见这是直接关系到监测成效的关键。

在对大学生开展体质健康监测的工作中,政府负责的工作主要为提供公共服务与总体调控,具体要做到的是领导、协调、保障和激励等四项工作。

高校在体质健康监测工作中的部门责权分配主要如下:

教务处:提供学生人数、入学前学生健康情况等数据。

校医院:提供测试中的医疗保障服务。

体育部:具体负责组织测试工作,以及之后的数据统计、分析与反馈等。

学生处:做好对服务于体测工作的学生助理的分配、补贴等工作。

心理咨询中心:做好可能的学生心理疏导工作准备。

保卫处:维护测试现场正常秩序和第一时间处理突发状况。

学生会:传递学生意见、需求,反馈处理结果等。

从上述内容可知,更加细化的权利与责任分配会便于各主体对工作的执行,然而实际当中会出现一些权责交叉的环节,致使出现一事多管或无管理的情况发生,如违规学生处理规定与操作程序、监测的宣传与动员等。为协调好这类事情,高校就要建立起一个联动机制,用以厘清权责内容、细化任务及完善体质健康监测人事安排的组织框架。

在学生体质健康监测中,社会组织、市场组织、学生团体等在共建共治共享背景下,也具有监督与服务的作用。其作用的彰显会随着治理体系的完善更加明显。

(二)明确治理方向,重视人才培养

"推进国家治理能力现代化的实质就是要进行科学立法、依法立法、民主立法,来保障多元治理主体的权益,协调利益关系来实现共治格局"。为此,就要一改过往实践优先于理论的情况,通过治理模式创新来保障民众的参与权、知情权与监督权,满足学生对体质健康的更高层次需求。对于国家需要参与治理的众多内容来说,学生体质健康监测只是其中一分子,然而尽管如此这也是一项重要的工作内容,并且要求对其治理理念与治理思路、手段等也要符合顶层设计。

首先,明确体质健康测试的治理方向。工作实践表明,要想使智能化与专业化获得理想效果,就必定要将此工作建立在法制化的基础之上。在现代信息化社会的背景下,在开展各方面工作时自然都要充分享受快速信息传递的便捷,以互联网作为多元治理主体的技术支撑,快速整合体质健康监测数据。然后运用大数据与云平台深度分析数据及其背后蕴藏的价值和客观表象,并结合智能互联网的新业态、新模式,探索有效的治理机制与程序模式,如此才能更加顺利地将成果转化为创新的驱动力。这样一来,一方面增加了治理透明度,另一方面还体现出了科学治理的特性。另外,与之相辅的还有运用云计算与物联网及时准确地诊断体质健康监测过程与结果中出现的实际问题,对此进行"靶向治理",这更是一种理想的治理思路。

其次,"人才之难万冀一,一士其重九鼎轻"。体质健康监测的治理专业化非常仰仗拥有过硬专业素质的人才。共建共享共治格局的前提条件是专业化的社会治理,"专业化的人才队伍也是一个行业发展的支撑,他们运用专业的方法,尊重事物客观发展规律,有针对性地解决实际问题"。目前,我国在各方面的改革正逐步走入深水区,就体质健康监测领域来说也已经进入了攻坚阶段。体质健康监测平台的搭建说到根本还是要由人来完成和把控的,对这类人才的要求较高,他们需要掌握青少年身心发展规律、信息技术运用、平台建设、体质健康监测的发展等知识。总之,要想做好体质健康监测治理主体的培育工作,对专业人才的培养是必须的,这也是决定着这项工作能否实现可持续发展的关键。

最后,既要"雷厉风行,又要久久为功"。这强调的是开展此项工作的人员的工作作风建设,这是工作保质完成的"软件"。体质健康监测工作人员要秉持与时俱进的理念,借此不断提升自身相关工作能力和综合素质,特别是要树立起一个良好的服务意识,以高质量的体质健康监测服务、高效又精细的服务标准、优化的评价体系来满足学生多元化的利益诉求,达到引导预期、促进学生体质健康的目标。

(三)加强科研引领,共享治理成果

对体质健康监测领域中诸多问题进行的科学研究要符合国家治理理念,与之相向而行。具体来说,应该从以下几个方面落实工作:

首先,体质健康监测工作是一项相对复杂的动态过程,因此,要想充分发挥综合性院校的优势,就需要整合心理学、社会学、统计学等多学科资源,以拓宽研究视角和做好综合性分析。

其次,对于各层级的科研课题确立来说,应适当向体质健康监测领域倾斜,因此尽力拓宽研究的广度与深度,并对研究结果进行积极的转化,力求尽早在实践中有所应用。

最后,要坚持发挥科学研究的支撑作用,坚持以调研为基础,以需求为导向,开展针对性研究。另外,还要注意将各院校在实践中探索到的有益经验与典型案例予以总结归纳,并组织相关院校进行学习和推广。

(四)完善检查监督、修正反馈的制度体系

我国的社会生产生活的许多领域中都存在内部审查制度。这一制度在过往特定时期中起到了一定的积极效果,但时代发展对社会发展的促进,使得这种制度已经显现出了许多不足之处,其中最典型的就是制定机制的一方,既是政策的制定者,又是政策的审查者,如此难以在审查事物时做到公正透明。为此,甚至需要有第三方来参与,这也是共治理念的具体体现与现实要求。

首先,共建共治共享的法制化实现途径需要有符合实际的顶层设计,同时还要有与之配套的实施细则,在体质健康监测工作中这点格外重要。例如,国家对于学生体质状况有规定,为持续三年测试结果下降的地区或学校,在教育评估与评优评先中实行"一票否决",并对学校责任人进行问责。然而在实践中却发现,持续三年下降的标准并没有准确的细化,下降的标准到底是什么不得而知,如此使得之前设定的问责成为没有依据的要求。

其次,对于第三方参与的体质健康监测工作,要确保机构具备相关资质并制定出相应的《学生体质健康第三方监测管理办法》,在审核合格后要大胆放权并保证其获得适当效益。行政部门对监测结果进行抽查。这一套措施都是对共建共治共享理念的一种响应,是发挥社会组织作用,推进治理重心向基层下移的重要举措。

最后,十九大报告中强调,对于一些社会问题的解决要充分利用法律制度。具体到大学生体质健康监测工作的话,"对于层级及权威性较低的条例与文本要根据时事形势,与时俱进地上升到立法程序,增强大学生体质健康监测政策的法律效力与执行力度"。

大学生体质健康监测具有整体性与复杂性等特征,再加上过程中可能发生一些意外情况,这些都需要将预防性审核、过程性监督和惩罚性追责捏合成一个有机整体,梳理并逐步完善执行细则,践行以人为本的理念,真正打造出一个公平、开放的反馈监督平台。

第二节 大学生体质健康家校合作共育

一、家校合作促进学生体质健康的现状

以家校合作的形式促进学生体质健康是学校与学生家庭监护人共同承担促进学生健康成长责任的模式。家校共促学生体

质健康的内涵包括学校与家庭之间的合作构成了一种双向活动模式;学生是家校合作共促健康的中心;学生的未来发展是重要的家校合作共促的导向,而共同研究、互相配合是落实责任的途径。

对于家庭和学校双方来说,合作共促可以为学生家长提供方向性明确的促进学生体质健康的方法依据,家长在其中除了可以监督学生的健康行为外,还可相互交流、参与决策、在家施教,真正成为学校教育的一分子,成为学校教育的校外补充,如此使得家庭教育更加科学有效。对于学校而言,对学生体质健康提升的工作需要家庭给予支持和监督。

不过,在对家校合作共促学生体质健康现状的实地调查后可知,这其中还存在不少问题,具体如下:

(一)处境的边缘化

在我国传统教育思维的长期影响下,学校和家庭对学生的关注更多体现在学生考学相关的主要科目的成绩上,这致使过往有许多家校合作共促只是放在了与升学有关的领域上。而对于学生整体发展同等重要的体质健康问题在合作层面上鲜有涉及,感觉学校和家庭都对学生的体质健康问题重视度不足,或者说不是主要关注的点,认为只要学生不生病其体质就是可以的。就这一点来说,我国家庭的健康教育与欧美家庭相比还存在不小差距。我国学校对家庭教育在学生体质健康促进中的作用重视不够,通过查阅我国六省中小学的抽样调查数据可知,在促进学生体质健康方面开展家校合作的学校有20.5%;对于与学生体质健康水平、课外体育活动安排等问题的合作仅为5.6%。这两项数据比例可谓偏低,造成这种结果的原因,一方面是学校没有认识到,或者是没有充分发挥家庭教育对促进学生体质健康方面的作用;另一方面,家长也没有给予这件事足够的重视,只重成绩,不重体质,或"重"的方式不对路。现如今,本该属于学生增强体质的体育课程或体育活动都难以保障,施加给学生的课业负担越发沉重,这种现象非常普遍。这些都让家校合作共促学生体质健康的模式更加被边缘化。在这种氛围下,学生为了迎合各方的"喜好",也开始逐渐收敛起天性,锻炼身体好似成为了一件表现出自己不爱学习的事情,是浪费时间。其结果就是随着身体活动的减少导致越来越多的健康问题。

(二)参与的消极化

运动是保持人体健康的最佳方式,而测量则是评价人的健康的重要手段。因此,我国学生体质健康促进,一方面要保证学生每周都有稳定的锻炼时间,另一方面要定期对学生进行体质健康测量,掌握学生体质健康状况,同时也是检验学生体育锻炼成效。只有这样双管齐下,才能有效保证学生体质健康向好的方向发展。以教育发达国家丹麦和瑞典为例,两国推行了"家校合作防止青少年久坐不动"的健康促进项目,即给学生布置家庭体育作业,这项作业要在家长的督促和参与下共同完成,这对于家庭参与学生体质健康培养工作的积极性有很大益处。我国在推进相关工作中鉴于多方因素,特别是学生人身伤害事故预防及处理等方面制度的欠缺,各方都为了极力避免学生在运动中出现意外事故而大幅减少学生参与运动的机会,或是安排一些运动强度不大的项目,这也使得学生体质健康促进的实施存在着不少消极现象。例如,在体育课堂上或体育活动中,有些学生出工不出力,或是谎报病情等,体育教师也是谨小慎微,不敢做过多苛求,得过且过。家长怕孩子在体育活动中受伤,耽误学业和影响身体健康。学校一方也担心因学生运动导致的受伤会被家长追责,这让很多有锻炼价值、运动强度稍大的体育活动被叫停。在这种氛围和意识下,体育教师即便偶尔布置由家庭监督和参与的体育课后作业也普遍是偷工减料地完成,形式的意味更明显。调查中发现有些家长对孩子的体质健康状况并不关注,只认为没有疾病,吃好喝好照顾好就可以,他们更关注的是孩子的文化课成绩,为此舍弃长远健康也毫不在意,认为体质培养不差这几年,搞好成绩才是硬道理。在总体教育大环境的影响下,学校放任各方行为,没有采取有效的补救措施,这些都破坏了家校合作共促学生体质健康工作的效果。

（三）主体的缺失化

实际上,所谓的家校合作并非只是由家庭和学校共同完成的,最关键的一点是,合作共促的主体是学生。学生这一主体是不应被忽视的,这样看来,家校合作共促必须加上学生这一主体要素,形成家庭、学校、学生三方的合作局面。在这个合作局面中,学生的主体地位是一定要被保证的。然而现实中开展的家校合作共促学生体质健康模式中,学生的主体地位是缺失的,表现为家长很少考虑孩子的意见与兴趣,学校体育中的教学大纲和教学计划整齐划一,体育教师为了尽快完成教学任务,也较少全面关注学生的意识,更不要提照顾学生的个体差异与体育学习兴趣和需求了。在三方之中,学校和家庭无疑是处于强势地位的,学生的话语权较弱,这是其难以体现主体地位的根源。在这样的局面下,学生不免就成为了凭借外力进行角色和成就评判的"伪主体"。

二、对家校合作实际现状追因

（一）制度欠缺

青少年是祖国的未来,我国历来非常重视学生的体质健康状况,对促进学生体质健康领域的工作开展提出过诸多明确要求和相关规定,这些政策性文件的颁布赋予了学校体育重大责任与使命。不过,在政策的执行过程中,家庭对学生体质健康问题带来的重要影响却被忽视了,相关政策中也没有能鼓励和倡导家庭与学校合作促进学生体质健康的制度,甚至几乎鲜有提及,即便有些条文涉及了一些,但也是泛泛而谈。即便其中有一些学校设有学校家长联席会的机构,但该机构更多是向家长传达学校的规定和要求,与理想中的那种家校合作共促学生体质健康的模式还相差很远。可见,具体制度的缺乏严重影响了家校合作的成效,过往存在的类似家庭、学校共同促进学生体质健康方面的尝试也是流于形式,在面对学生体质健康下降而学校资源又捉襟见肘、力不从心时,各方只要安于现状也就得过且过了。

（二）协同缺乏

协同缺乏的问题主要在于两个方面。一方面,是学校对家庭教育的支持作用缺乏信任。与家庭相比,在教育事务中,学校有着得天独厚的实力和专业,成功案例无数,其本来就是教书育人的场所。如此学校非常相信自身在教育活动中的权威地位,对于解决学生的各种问题也是非常在行,这种思维也就体现在对学生体质健康问题的干预上,自然也呈现出学校"包打天下"的状况,从而忽视家庭在这方面的教育作用。另一方面,家长对于学校提出的辅助学生搞好学生体质健康锻炼的任务总是难以理解,再加上一些健康理念有误区的家长会认为让孩子参加体育活动是浪费时间和不务正业,自然在配合上也有所懈怠。这样一来,在一学期中学校千辛万苦培养出的学生的健康意识和效果,在寒暑假中又回归到了过去。尽管家庭中有许多家长有着强烈的健康意识,也愿意自己的孩子能经常参加有一定强度的体育锻炼活动,但在家校合作的知识和方式上欠缺了解,在体质健康促进项目的实施上就只能依附于学校,因此,在实际的家校合作过程中总是会出现阻滞、延缓项目开展的现象,这也是影响家校合作共促学生体质健康工作效果的原因。

（三）主体偏移

家校合作共促学生体质健康的最重要的对象,也是工作主体,就是学生。在这项工作中,学生将家庭和学校连接在一起,使得多方合作,最终促进学生的健康成长。基于这种观点,应将过去"单纯从学校出发、要求家长配合"的简单合作形式转变为"从学生全面发展的需要出发,以服务学生为宗旨"的新型模式。学生的体质健康促进工作是学校教育活动中的一部分,它也是要遵循教育规律的,如果这项工作缺乏原动力,那么可想而知其对学生的改变效果都不会理想。事实是,在实际的学生体质健康促进工作中,不论是学校还是家庭,都对学生的主体认知有一定的偏移,或者说是不足,如工作的开展都普遍缺乏针对不同体质健康水平学生的精细化策略研究与最佳操作方式探索。这一情况的出现使得所制定出的方法与学生实际接受倾向和能力相偏离,导致由学生主体决定的项目选择、标准设置、评价方式、适宜人群被外在社会客体的价值判断所替代。主体的偏移让外在客体嫁接为了主体,本应居于主体地位的学生反而变成了客体接受者。再加上学生长期在灌输式教育培养方式之下,自主思考和创新能力不足,更不会因此发挥自身主观能动性来改善健康水平。

三、家校合作促进学生体质健康的对策

(一)制定家校合作的配套政策

《"健康中国2030"规划纲要》(以下简称《规划纲要》)的战略主题是"共建共享",而其原则为"改革创新",在此基础上提出了以体制改革和机制创新作为动力来提高人民健康水平的理论。该《规划纲要》在学校体育领域中也是以"大健康"的发展理念统筹管理学校学生体质健康促进工作的,并力求更多应用网络来开展决策和实施工作,实现多层次、多部门和校内外联动的深度合作态势。就现阶段情况来看,家校合作促进学生体质健康的首要任务为制定出适当的配套政策。国家有关部门作为牵头人,制定《家长教育法》和家校合作促进学生体质健康的配套政策,让家长承担一定的学生体质健康促进的责任这一点要以制度的形式明确下来。然后,不断对合作机制进行完善,使得决议的产生、

家校的沟通、成绩的改善等工作总是有章可循的。最后,建立起一个学生体质健康公示制度,高级教育部门要将对学生的体质健康促进和家校共促学生体质健康等工作纳入考核内容中,完善相应奖惩机制。只有先从机制政策方面入手,才能使相关工作获得制度保障。

(二)增强家校合作的协同能力

尽管现如今从意识上说,学校和家长都对学生的体质健康状况逐渐重视起来了,但实际中的具体工作在开展时还是有很多不协调的情况,这让双方的力量不能集中。为此,强调家校合作的协同能力就显得非常有必要,这会大大改善学生的学习与生活方式,养成良好的体育锻炼意识与习惯,最终实现终身体育的目标,而这需要做到如下三点:

第一,政府应增加对学校各项体育资源的调配,力求改善学生体育硬件环境;加强体育教学师资力量培养,全面提升体育教师的专业水平和综合素质。

第二,学校每年应定期开展由家长参与的特别培训,该培训致力于将体质健康教育由校内延伸到校外,由学生延伸至家长,以求最大化普及体质健康知识,培养家长对学生健康促进的意识、责任与义务,并获得相应的知识储备。

第三,充分发挥媒体的舆论导向作用,促使多方体质健康观的形成,力求形成全社会关注于此的良好氛围。这其中最重要的就是增强学校和家庭的双向互动程度,以此让家校共促工作的力量得到整合,同时这也非常有利于学校、家庭在学生体育锻炼中的统一性、完整性和连贯性。

(三)强化学生在家校合作中的主体地位

学生绝对是家校合作共促体质健康工作中的主体,这使得其中任何工作都要以学生为主体来开展。为此应做好如下几点:

第一,让学生深刻了解到对自身体质健康问题的注重不仅是一种国家要求,更是对自身未来发展的负责。因此,务必要让他们以主人翁的精神和认真的态度参与到体质健康促进工作中,甚至在一些方案和计划制定阶段就安排学生参与。

第二,保障学生参与的深度。学生在家校合作共促体质健康工作中的参与程度不能只是流于形式或浮于表面,而是应该深度参与。例如,在具体的合作促进工作的内容选择上,应尊重学生的诉求来制定相应的干预措施,只有这样才能实现提升体质与运动技能培养相结合、外部指导与自我领悟相结合的方式目标,同时,这也是兼顾学生不同健康促进需求的必要方式。

第三,发挥学生体育骨干的作用。学生体育骨干是学校体育工作的得力助手。他们通常是那些拥有体育特长的、对体育有浓厚兴趣的、热衷学生工作的学生。这些学生对学校体育教学和各项体育健康活动的开展会起到很大的支持和带动作用,是带动其他学生参与体育的发起者和核心人物。利用好学生体育骨干的作用,再配合上体育课堂教学、课外体育活动、体育社团以及体育竞赛等方面,对学生进行全方位、全周期的体育教育及体育文化熏陶,使全体学生能从自身做起,积极参与到学生体质健康促进的"共同治理"之中。

第三节 大学生体育网络服务平台构建

现如今已经进入了信息化时代,互联网是信息交互的重要平台,其广泛应用于社会发展的各个领域之中,当然也包括学生体质健康领域。建立起一个体育网络平台有利于学校、社会、家庭等各方面资源的整合,最终为大学生参与体育活动和了解体育知识拓宽了途径。在网络越来越普及的今天,如果建立起一个完善的体育网络服务平台,其作用除了解决大学生体质健康问题外,还会发挥与之相关的其他作用。

一、体育网络服务平台的价值

大学生体质健康水平的影响因素众多。为此，对大学生体质健康水平的促进要从诸多角度和诸多方面入手，进行一种协同式的干预，如此才能获得最佳的效果。体育网络服务平台构建正是借助互联网具有资源共享、便于协调等优点来发展大学生体育的。该平台的构建为大学生体质健康发展提供了多样化的途径，只需要登录平台，就能随时了解相关动态，享受平台中给予的各种服务，除此之外还能为大学生提供各种体育科普知识、健身指导知识、职业赛事资讯等相关体育信息；更重要的是它打破了传统体育边界，将学校体育资源和社会体育资源整合，丰富大学生的课外体育活动，使大学生在享受学校体育资源的同时也能够享受到社会体育资源的服务。

二、体育网络服务平台构建的基本要点

（一）建立大学生体质健康档案

借助体育网络服务平台中的信息服务特色，可以建立起一个大学生体质健康电子档案，以期全面记录大学生的体质状况，也便于在锻炼前后进行体质变化对比，还可以全面、详细、客观地了解每一个大学生的身体状况，有利于把握大学生体质健康发展的实质性问题，提出针对性的解决措施。2005年，教育部颁布《国家学生体质健康标准测试数据上报制度》，通过分析大学生的体测数据推算出大学生体质健康状况。在之后的2014年，教育部开始落实以大学生体质健康档案的形式开展全国性的学生体质健康促进工作。不过，大学生体质健康毕竟是一个牵扯众多因素的问题，仅凭学校体育做出的努力是非常单一和有限的，如提到的采集学校大学生的体测数据这项工作，事实上并不能获得最客

observation、最全面、最准确的体质数据。因此,如果能构建一个可以让数据共享开放的交互网络平台,则对促进我国大学生体质健康工作更为有益。为了能更好地与现代个人电子终端相连接,体育网络服务平台也应借助这个终端及时将个人体质健康信息、体质测验成绩等发送给学生,让学生深刻感觉到体育网络服务平台时刻在自己身边,是自己体质健康状况监控的好助手。

(二)创新体育课堂教学

在高校中,体育课堂教学是大学生主要参与体育运动的形式。大学生在学校体育课堂中的学习,一方面是学习体育基础知识,另一面则是掌握一些运动技能,以便用于确保终身体育行为。利用体育网络服务平台对传统体育课堂进行改革与创新的目的在于使大学生能够利用体育网络服务平台和学校体育课堂教学结合的形式来掌握运动技术和科学的锻炼方法。这种体育课堂教学的创新一举改变了传统学校体育教学教师固定、场所固定、教学时间固定、教学内容死板的现状。

利用体育网络服务平台的技术优势和平台资源,既可以服务于学校体育教学,对学校体育课程教学进行改革和创新,教师也可以通过该平台以网络直播的形式进行教学直播。学生在任何时间、任何地点登录平台,都可以查询到具体的体育项目教学资料,查找到自己想了解的教学内容。正是借助了平台的优势,学生还能按照意愿选择自己喜欢的教师授课。这些优势都能加强学生自身的体育技能锻炼效果。

(三)提供便捷的社会体育资源

大学生体质健康水平不应是学校一家单位承担的,它还需要多方面社会力量的参与以及更多体育资源的投入。体育网络服务平台的建立可以联系起大学生和社会体育资源信息,如社会中可供学生使用、向学生开放的体育场馆应录入服务平台中,由此得以明确展现给学生距离自己最近的、感兴趣的运动场馆在哪里。通过服务平台,学生甚至可以预约课外体育活动的场地或其他公共体育文化设施,如一些场地有一定收费,也可以通过平台进行预付费预约,如此大大方便了大学生的体育活动体验,为他们参与体育、热爱体育创造了良好的氛围。其次,体育网络服务平台还汇聚了许多体质健康专家的咨询服务,学生可以方便地在平台上向他们咨询有关健康和体质方面的问题,包括正确的健身理念、保健方法、运动医学基础知识、获得运动处方、预约优质教练等服务。通过体育网络服务平台为学生提供了便捷的社会体育资源,使更多的大学生享受社会体育资源"福利",从而获得体质健康水平提升的效果。

(四)促进线下家庭体育活动的发展

家庭和学校是大学生生活时间最长的地点。学校对学生健康促进的重要性就不用多说了,而家庭体育活动的发展则也是不能被忽视的环节。体育网络服务平台要积极鼓励和创造线下家庭体育的发展,力求创造良好的家庭体育文化氛围和活动气氛,以此来带动广大大学生群体积极参与到体育活动中来。为此,体育网络服务平台在这方面的功能主要为整合社会体育场地设施资源和高校体育专业的人才资源,在线上组织、在线下开展各种形式的体育活动,如社区篮球比赛、体育运动欢乐嘉年华等活动。活动中的项目是非常考究的,其原则就是要让家庭成员与大学生一起参与,这一方面会激发学生的活动兴趣,另一方面也是培养良好家庭氛围的难得机会。将这些整合过后的资源放在体育网络服务平台推向社会,促进线下家庭体育活动的发展,能够通过家庭体育的发展开拓大学生在学校体育课堂之外参加体育运动的方式。

(五)建立终身体育的观念

大学生体质健康问题可以通过学校体育工作、社会体育发展、家庭体育促进等多方的协同管理取得不错的效果,但这项工作归根到底还是要落在大学生自身的体质健康观念与习惯上。为此,建立体育网络服务平台的最终目的也是要落在这一点上。其要求首先是建设良好的校园体育文化氛围,培养大学生的体育意识。过程中,要结合当代大学生的兴趣、观念和生活方式来营造良好的体育学习氛围,这在一定程度上避免了传统体育教学模式较为单调、僵硬的问题,并且设计和提供更符合现代大学生学习习惯的体育信息服务,让大学生有更多学习的选择权。这对激发他们参与体育运动的动机有很大帮助。其次,通过体育网络服务平台提高大学生体育运动技能水平,具体为借助平台功能,可以改变过往体育教师在体育课堂上可以解决大多数问题却对少数个人问题难以解决的局面。通过平台,可以让学生观看到自己想看的、更加清晰的体育教学视频,甚至可以任意选择自己需要的角度、速度等,使个人的体育学习更加直观,对提高个人运动技能有非常大的辅助作用。最后,通过体育网络服务平台合理转移大学生使用互联网注意力的目标。具体为让大学生对互联网的使用从游戏和影音趋向转变为体育资讯和体育运动的励志视频趋向,与此同时再配合线下体育活动的发展,还能将大学生从网络中引入现实中,加入体育活动中来,可谓是一举两得。

第四章　大学生体质健康的教育干预

作为学校基础教育的重要组成部分,大学生体质健康教育是学生在学校中生活和成长所必不可少的重要内容。大学生体质健康教育所面向的对象是全体大学生,其主要目的是解决当前大学生面临的卫生保健问题。学校健康教育是全面贯彻教育方针的一项创新事业,能够将先进的公共卫生观念体现出来,对大学生全面综合素质的提高也有着积极意义。本章主要对大学生体质健康教育的目标与要求、原则与方法、课程设置与完善、科学管理以及大学生健康咨询与专题健康教育等内容进行详尽的分析和阐述,由此来全面且深入地理解教育对大学生体质健康的干预。

第一节　大学生体质健康教育的目标与要求

一、大学生体质健康教育的目标

对于大学生来说,体质健康教育本身是一种特殊的教育行为,其核心内容有三个方面:一个是传授体质健康知识,一个是建立卫生行为,还有一个则是改善环境。

高等学校中所开展的体质健康教育,所针对的就是大学生,因此,在体质健康教育过程中,要遵循计划性、目的性、组织性和评价性原则。

总的来说,大学生体质健康教育的目标可以大致归纳为两个方面:

第四章 大学生体质健康的教育干预

（1）使大学生在掌握卫生知识方面更进一步，对健康的价值和意义有更深层次的了解，同时，还要从个体和社会的角度出发，将预防疾病和保持自身健康的责任感建立起来，并不断使其完善，进而使得自我保健和预防疾病的能力也有所提升。

（2）当前，在大学生的日常生活中充斥着各种各样的诱惑和新奇，这往往就会导致其生活方式和行为方式受到影响，而逐渐偏离健康的轨道。在这样的情况下，体质健康教育的实施，能够为大学生自觉选择健康的行为方式和生活方式，消除或减少危险因素的影响，促进个体、社会采纳明智的决策和选择有利于健康的行为起到一定的帮助作用，这对于大学生身心健康的增进和生活质量的提高有着积极的促进作用。

二、大学生体质健康教育的要求

大学生体质健康教育的实施目标已经明确，要达成上述目标，就要按照一定的要求进行，具体如下：

（一）树立现代的健康意识

意识会对行为产生引导作用，因此，树立现代健康意识，对于大学生来说是有重要意义的。由此，他们能够真正认识到，健康不仅仅是指生理上的健康，即躯体无病、体格健壮，心理素质和社会适应能力方面也要保持良好的状态和水平，这样才能对全社会关心健康、关心疾病的预防工作起到积极的促进作用。

除此之外，人们的健康还会受到社会决策的影响，其中，起到显著作用的决策主要体现为对健康的维持、促进和改善。

（二）了解卫生保健知识

大学生要向21世纪新型人才的方向发展，因此，其首先需要掌握一些生命科学的相关知识、发展现状和趋势，以及当今社会面临的各种生命科学问题以及随之而来的生物学伦理问题。这是非常重要且必要的。

除此之外,大学生所必须掌握的知识还涉及卫生保健知识和急救常识,养成良好的卫生习惯,比如,用脑卫生、用眼卫生、起居卫生、运动卫生、环境卫生、心理卫生、性卫生、饮食营养卫生等,不仅如此,还要将这些习惯应用于生活中,做到身体力行,从而使自身的自我保健能力得到有效提升。

(三)明确不健康行为与生活方式

当前,很多大学生对生活方式和行为方式上存在着一定的模糊感,或者说无法正确判断什么样的生活和行为是正确的,什么样的是不好的,比如,有的大学生存在着吸烟、酗酒、膳食结构不合理等问题,而在体育运动和心理应激方面则较为欠缺,因此,使大学生认识到不健康的行为和生活方式是非常重要且必要的。这样能使大学生的不健康行为和不良生活方式得到改变,尽可能减少或者避免由此而产生的对健康的伤害。

(四)以增进健康为己任

大学生首先要明确一个事实,当代人才首先应该具备的重要素质就是健康意识,与此同时,还要对增进健康是历史赋予大学生的使命有更加充分的认识,以此来使他们对维护健康的责任感和自觉性有所增强。从小的方面来说,这是大学生对自己负责;从大的方面来说,这是对社会负责。

(五)不断探索新的教育模式与体系

当前大学生体质健康教育的成果如何,是需要进行检验的,所参照的检验标准主要为:卫生保健知识的掌握情况,卫生习惯如何,生活方式是否形成,体质健康状况是否改善以及改善的程度如何等方面。

除此之外,在大学生体质健康教育过程中,为了保证教育效果的理想化,还要不断充实教育内容,改进教学方法,总结和交流教育经验,积极探索,从而将具有中国特色的大学生健康教育模式和体系建立起来。

(六)促进社会主义精神文明建设

社会主义精神文明建设的任务有很多,其中之一,就是要提高全民族的科学文化水平,提倡文明、健康、科学的生活方式,克服社会风俗习惯中存在的愚昧落后的东西。[①] 而这就涉及到大学生体质健康,因此,进行大学生体质健康教育对社会主义精神文明建设的推进有着积极的促进作用。

第二节 大学生体质健康教育的原则与方法

一、大学生体质健康教育的原则

大学生体质健康教育本身就是一项非常复杂且意义重大的系统工程,整个过程中都蕴含着科学性、系统性、知识性、专业性等显著特点,因此,就要求大学生必须积极参与其中,并且将自身的能动性充分发挥出来,在采取科学的方法和态度的基础上,遵循学校教育的一般原则以及体质健康教育的特有原则,从而保证得到理想的教育效果。

具体来说,大学生体质健康教育需要遵循的原则主要有以下几个方面:

(一)教育性原则

教育性原则,就是指教师或者教练员在大学生体质健康教育的过程中,对具体的实际情况加以分析并最终得出结论。在教育过程中要将关注的重点确定下来,既培养学生积极进取的精神,

---

① 毛亚杰.大学生健康教育[M].北京:北京理工大学出版社,2014:8.

还要为学生树立正确的人生观、价值观和世界观提供帮助。

教育性原则的遵循与实施，首先是在马克思主义辩证唯物论的思想和观点的基础上进行的，要考虑的因素主要有两个方面：一个是中国的实际情况，一个是中华民族的文化特色，由此来有选择地对西方关于体质健康教育的理论、方法和技术等方面加以借鉴，不能照搬照抄；其次，重视正面的启发教育和积极引导，对学生积极参与体育运动锻炼起到督促作用。

根据教育性原则，大学生在学习、生活、交往中都会遇到各种各样的体质方面的问题，以及由此而产生的不好的影响，这就要求教师应该进行实事求是的分析，明辨是非，帮助他们端正看问题的角度，调整看问题的方法，提供给他们解决问题的建议，使学生能够尽快通过各种方式来有效锻炼和提升自身的体质水平。

（二）主体性原则

主体性原则，就是在大学生体质健康教育的过程中，一定要突出学生的主体性地位，所有与大学生体质健康相关的教育工作都必须从学生的实际情况出发，充分体现出学生的主体性地位。

对大学生进行体质健康教育的主要目的是促进大学生成长和发展，增强其健康水平，并且要充分尊重学生的主体地位，将大学生的主体作用充分发挥出来。

在大学生体质健康教育过程中贯彻主体性原则，需要做到以下几方面的要求：

（1）首先要对大学生的主体地位持尊重态度，要将学生应有的主体作用充分发挥出来，鼓励学生做好自身的工作，比如，可以进行自我选择，也可以进行自我指导，以此来对学生自知、自觉、自助产生积极的促进作用。需要强调的是，在大学生体质健康教育过程中，一定要注意强制手段的规避，因为就算采用这一手段，最终也无法为学生解决他们自身存在的问题提供帮助。

（2）不管是什么样的体质健康教育工作和活动，其出发点都必须是统一的，即学生的实际状况和需要，根据学生现实生活中

第四章　大学生体质健康的教育干预

存在的问题,有效提升大学生体质健康水平。

（三）全体性原则

全体性原则,主要体现在大学生体质健康教育的对象方面。由于大学生体质健康教育的受众是所有的大学生,全体学生都是体质健康教育的对象和参与者,这就要求学校所有的体质健康教育的设施、计划、组织的出发点都是一样的,即全体学生的发展,考虑到绝大多数学生的共同需要和普遍存在的问题,以绝大多数直至全体学生的体质健康水平和身体素质的提高为大学生体质健康教育的基本立足点和最终目标。

大学生体质健康教育将努力提高全体学生的体质健康水平和身体素质作为主要的任务和目标,为了完成任务、实现目标,就必须以全体学生为服务对象。另外,由于大学生所普遍存在的体质健康问题具有大众性特点,因此,这也是提出面向全体学生这一原则的主要原因。当然,在实施这一原则时,还要具体问题具体对待,使体质健康教育的功效得到最大程度的发挥。

在大学生体质健康教育过程中贯彻全体性原则,需要做到以下几方面要求:

（1）所有工作的进行,都必须在有利于促进全体学生的发展和成长的前提下进行。

（2）教师或者教练员要了解和把握所有大学生的共同需要,以及普遍存在的体质健康问题。

（3）教师或者教练员对学生要一视同仁,创造条件,最大限度让尽可能多的学生参与其中的所有活动,从而使其增强体质的途径多元化。

（四）差异性原则

差异性原则,所针对的是大学生的个体性所提出的一个重要原则,具体来说,大学生个体之间的差异性,是大学生体质健康教育要关注和重视的重点所在,将学生的实际需要作为标准和依据,来开展形式多样的、针对性强的体质健康教育活动,从而使学生的体质健康水平得以提高。

人是有差异的,大学生也不例外,他们从出生,就带有遗传性的差异性,再加上后期社会背景、家庭环境、生活经验等方面的影响,他们在基础身体条件、体能水平等方面都有自己的特点。大学生体质健康教育不是要消除这些特点与差异,相反是要使学生的差异性、独特性以最合适的方式完美地展示出来。

通过调查学生对健康教育专题教学内容的需求,找出学生的需求和教师对健康教育专题内容的选编之间的异同。

在大学生体质健康教育过程中贯彻差异性原则,需要做到以下几点要求:

(1)对不同的学生遵循区别对待原则,灵活采用与之相对应的方法、手段和技术,将学生的年龄特征和个性特征作为重点考虑的对象,根据学生的特点灵活运用体质健康教育的原理和方法。

(2)了解不同学生的差异,其差异性主要表现在年龄、性别、学习能力、思想水平和心理等方面。

(3)认真做好个案研究,积累相关资料,并对得出的结论进行总结提炼,从而使个别教育的实效得到保证。

二、大学生体质健康教育的方法

大学生体质健康教育的实施不仅要遵循基本原则,还要借助于科学、适宜的方法,具体有以下几种:

(一)课堂教学

课堂教学是大学生体质健康教育用到的最为普遍的方法。其在设置的时候,需要考虑的因素涉及较多,比如,不同地区之间的差异、学生个体的具体情况、学校所具有的相关设施等,必须对这些因素进行充分考量,才能针对性地设置具体教学内容、具体

第四章 大学生体质健康的教育干预

教学时间,并且使之与学生实际情况相适应。与此同时,还要通过对教学的合理安排,来使最合理和最优化的教学课程体系得以建立和实施。

大学生体质健康教育的优势要充分展现在大家面前,而这仅仅依靠不断增加健康理论知识方面的教学内容是不够的,还要实施相应改革,改革涉及的内容主要为体质健康教学内容,与此同时,还要不断进行创新,不断对体质健康教育知识的应用加以实践,以此建立起最优化的健康教育教学内容体系。

通常,在进行大学生体质健康教育理论课的教学时,采用的形式主要为室内课,主要是将理论教学和室内小游戏、棋类活动结合起来,做到动静结合,合理搭配。教学手段的多样化对于教育的效果是有所助益的,因此,可以将现代化的教学手段充分利用起来,比如多媒体教学,如此一来,教学的趣味性就会大大增加,学生参与的积极性和主动性也会有所提升,对于健康教育教学目的的实现有促进作用。只有通过有效的教学行为,有效的课堂才能实现,而要做到这一点,就需要通过"创设情境"引入课题,然后再进入教学内容的主要部分"学习活动"。

(二)与课外教学相结合

仅仅依靠课堂教学这一单一的方法,所取得的大学生体质健康教育的成效肯定是不理想的,因此,还需要其他方法来对此加以辅助,课外教学就是非常好的选择之一。

采用课外的各种形式或者各种不同的宣传形式,既能使健康教育取得理想成效,也能让学生在生动活泼有趣的情景下,对接受健康教育知识的程度进一步加深。由此,也能够将理论与实际相结合、课内与课外结合的原则体现出来。这样,就将教师和学生之间的讲授和讨论结合在一起,同时,还有学生之间的交流与合作、探讨与研究,使更多的学生能自觉接受大学生体质健康教育对于课内和课外相结合的教学过程。

某种程度上说,课内外结合的教学方法,能够将学生的主体作用、教师的主导作用,以及小组合作和讨论探究等形式体现出来,不仅能够有效培养学生对于搜集和处理资料信息的能力和积极学习的兴趣,同时还能有效帮助学生学会分析和解决问题,树立合作交流的团队意识,形成积极主动的学习态度。

(三)健康书籍推荐

随着大学生对自身健康的关注程度不断提高,其对健康的认识的需求也越来越大,因此,与健康相关的书籍就成为大学生获取体质健康知识的一个重要途径,也是体质健康教育过程中不可或缺的重要方面。大学生通过阅读健康方面的书籍,能够掌握更多科学、正确的健康知识,同时,对于正确的健康观和健康意识的树立也是非常有帮助的。

关于体质健康的书籍有很多,大学生在选择书籍时通常会比较迷茫和盲目,在选择方面缺乏指导,因此,这就要求教师或者教练员在大学生的体质健康教育过程中,将一些适合大学生阅读的、与体质健康相关的书籍推荐给学生,并鼓励学生进行阅读和学习,使学生掌握更多的健康知识,并将这些知识应用于自己的学习生活中去。

(四)参观教学

参观教学,就是教师通过组织学生对校外的一些与教学内容相关的场所进行直接的访问、观察和调查,以此来达到教学目的的方法。

参观教学,能够使学生更深刻地掌握课堂上学到的理论知识,还能亲身获取和体验最新的前沿知识。一般的,参观有四种类型,即感知性参观、并行性参观、验证性参观、总结性参观。上述四类参观教学方法都可以在大学生体质健康教育中选择性地加以应用,从而保证所取得的教学效果是较为理想的。

一般的,参观需要遵循的步骤和要求有如下几方面:

第四章 大学生体质健康的教育干预

第一,参观的准备。首先要对参观单位的有关情况加以了解,同时,还要将参观场所确定下来并制订出相应的参观计划。

第二,参观过程。首先要确定下来参观对象,然后按照相应的步骤进行有组织的参观。

第三,参观结束,要做好参观总结,并使学生在教师的指导下做好汇报参观报告工作,检查参观计划的落实情况。

参观教学是整个实践教学中的一个重要补充环节。具体来说,课堂教学基本上是一种理论知识传授,通过实时地教学参观,则能够使学生将在课堂上学到的理论知识与实践有机结合在一起,对其更加深刻理解和认识这些知识是极有帮助的。某种程度上说,参观教学对学生学习的热情和兴趣的培养以及求知欲的激发所起到的作用更加显著,同时,也在一定程度上为他们以后顺利进行体质健康教育活动奠定了基础,在了解和掌握体质健康知识方面更有积极性与主动性。

(五)邀请专业人员讲授

由于人体的健康所涉及的学科是多方面的,因此,要想让大学生对体质健康有更加深入的了解和认识,就需要邀请这些健康相关学科专业人员进行专业知识的讲授,比如生物学、营养学和环境科学方面的专业人员。

之所以要邀请专业人员进行讲授,原因有三:

第一,他们受过的培训是专业的,在其专业领域具有更加权威和更加准确的知识信息,这对于大学生体质健康的促进有着积极的指导作用。

第二,他们在生活中所处理的病例以及在工作中遇到的健康案例数不胜数,因此,他们不仅能够形象生动地传授给大学生体质健康教育知识,还能从实践的角度,让学生知道如何更好地预防疾病和形成良好的生活方式。

第三,邀请有关的专业人员,对于学校教师健康教育知识的交流也是非常有意义的,这不仅提供了一个良好的交流平台,让各个专业就大学生体质健康知识形成更完善更全面的教学,提高大学生体质健康教育专题教学的质量,同时也为大学生体质健康教育专题的发展奠定基础。

因此,学校应该积极邀请社会有关健康教育的单位或个人到学校来进行体质健康知识的讲授,让学生能自由轻松地掌握健康文化知识,了解最前沿的健康发展和常见疾病的有关知识,让学生能及时准确地获取正确的健康文化知识,参与社会的健康实践活动,调动一切资源和力量,对大学生体质健康教育的发展起到促进作用。

(六)健康知识短文推送

随着科技的发达,人们接收信息的方式也发生了翻天覆地的变化。当今,传统的信息接收途径已经不是人们所用到的主要的途径了,人们更喜欢通过手机、电脑来进行信息的获取和学习。

网络平台本身就具有快速性、接收群体的广泛性等优势,因此,将其应用于大学生体质健康教育过程中,对大学生体质健康水平的提高所起到的作用必定是积极的。比如利用微信公众号向学生定期推送关于健康知识的文章,就是典型方式之一。

第三节 大学生体质健康教育课程设置与完善

一、大学生体质健康教育的课程设置

(一)大学生体质健康教育课程的类型

《学校卫生工作条例》第十三条中就有明确规定:"学校应当把健康教育纳入教学计划。普通高等学校……应当开设健康教育……"教育部文件,教体〔1998〕4号《关于印发〈高等学校医疗保健机构工作规程〉的通知》第八条规定,要开设大学生健康

第四章　大学生体质健康的教育干预

教育课程（选修课或必修课）或定期举办健康教育讲座，以此增强学生自我保健能力，促进学生建立健康的生活方式和良好的卫生习惯。

从全国范围上来说，选修课的形式占开课学校的66.6%，而必修课占33.4%。

（二）大学生体质健康教育课程的基本内容

（1）健康和健康教育概述。
（2）大学生的生长发育与健康。
（3）大学生的行为与健康。
（4）营养与大学生健康。
（5）性健康教育。
（6）常见传染病的防治。
（7）常见疾病的防治与合理用药。
（8）大学生急症的自救与互救。

二、大学生体质健康教育课程的发展与完善

（一）大学生体质健康教育课程发展的背景

其实，在学校的体质健康教育过程中，人们往往能够发现其中存在的一些问题，比如，偏重于教学活动，教育部门和卫生部门协调一致的支持较为欠缺等，这些都决定了学校体质健康教育所取得的效果不太理想。

自从20世纪80年代中期健康促进学校概念被提出后，接着，WHO（世界卫生组织）在欧洲一系列研讨会上讨论该概念，并在部分学校试行。1992年，欧洲健康促进学校网络正式建立。除此之外，还有其他地区的不少国家相继开展了促进学校健康教育的工作。

1999年6月13日，我国颁布了《中共中央国务院关于深化教育改革全面推进素质教育的决定》。[①] 这也是学校健康教育发展的必然趋势,与学校卫生工作的深层次定位是相符的。

(二)大学生体质健康教育课程发展中存在的问题

大学生体质健康教育课程,从设立到发展至今经过了很多阶段,在这一过程中,存在着很多问题制约着其进一步的发展,并且有些问题是一直存在的。下面就对这些问题加以分析和归纳,从而为大学生体质健康教育课程进一步发展和完善提供必要的依据和导向。

1. 学校领导的重视程度不够,课程目标不明确

学校体质健康教育课程是经常被校领导忽略掉的,只将专业课作为重点对待,认为体质健康课就是放松的课程,上好与上坏无所谓,更不要说体质健康教育课程的开展情况,校领导对此几乎都是视而不见的。一般的,可以在学校开设的体育健康教育课程中多安排一些促进体质健康的教学内容,不要一味安排体育竞技项目,忽略"健康第一"的教学目标。

2. 学时严重不足,教学设置不合理

学校体质健康教育课程缺乏一定的计划性,都是根据天气情况选择上或是不上,临时进行调整,如此便会导致课时严重不足。在涉及相关课程时,性别差异并没有从中得到体现,同时,也忽略了学生的兴趣与爱好、运动能力和身体素质等方面的差异,在体育教学的选择方面也缺乏专业性的指导,以学生为中心的理念没有得到贯彻,其主体地位没有得到充分体现,如此一来,学生学习的自主性就会受到影响。

3. 课程内容讲解不够细致,教材内容的全面性欠缺

通过调查显示,在体质健康教育课教师教授内容和教师教学水平方面,学生并不是很满意,学生的兴趣主要在于身体健康方

---

① 毛亚杰. 大学生健康教育[M]. 北京:北京理工大学出版社,2014:12.

面与安全方面的知识,这些知识通常能够引起学生的学习积极性与主动性,但教师教授的内容与学生所需之间并不相符,也没有能够理论联系实际,没能将所学知识运用到实际生活中,提升自己,养成健康的生活方式。所使用的《体育与健康》教材,将竞技体育的教育作为关注的重点,教学内容竞技性比较强,而忽视了那些与以增强体质为主要目的的、受到学生喜爱的运动项目相关的教学内容。教材内容没有让学生受益终身的体育锻炼方法和体育知识,仅是一些竞技内容。

4. 授课方式、教学方法和手段都过于传统

很多高校组织开展的大学生体质健康教育活动,所采用的形式主要为传统的专业自然班级授课,按照教学组织习惯组织教学。尤其是那些年纪较大的教师,在进行体育健康知识的讲解时,采用的仍然是传统的方式,比如黑板板书教学等,很少甚至都不用多媒体设备,这是普遍现象。

5. 体育教师的专业水平低,缺乏培养和锻炼

调查显示,学习过体育健康专业知识的教师数量是比较少的,大部分体育教师在体质健康教育方面存在着知识匮乏的问题,因此,这就使得教师在教授这门课程时,往往会感到力不从心。

如果教师的专业水平较低,那么他们在具体的教学实践中就会表现出明显的不足,比如课程设计、教学内容、教学组织形式、教学方法和手段等方面。鉴于这种情况,学校就需要多组织一些教师的专业培训活动,让老师在健康知识、健康教学方法和手段上都有所拓展,同时,也激发教师进一步深造的动力,不断充实自己,增长自己的科研能力。

6. 场地器材无法满足教学需求,多媒体资源缺乏

学生在学校中想通过学习的技能来加强身体的运动锻炼,如果没有相应的运动器材,他们参与体育锻炼的积极性就会受到影响。对于那些年龄较大的教师来说,他们更习惯于应用传统的教

学方式,而很少用到多媒体教学,因此,应当培训老师改变陈旧教学手段,跟上新式教学手段的步伐。

(三)完善大学生体质健康教育课程的举措

1. 转变传统观念,提高对体质健康教育的重视程度

在高等院校的教育过程中,体质健康教育是非常重要的部分,对于素质教育的全面推进是有积极作用的,学校领导要从自身出发,转变原来体质健康教育无所谓的观念,将体质健康教育的工作计划融入到学校整体教学计划中,确保体质健康教育有一定的课时数,加大对体质健康教育师资建设,要把体质健康教育的管理工作规范化、制度化,真正地落实体质健康教育。

2. 要体现出学生的主体性地位

在体质健康教育过程当中,教师所起到的作用是不可替代的,其处于主导性地位,但是,学生才是教学的中心,其处于主体性地位,这一点是毋庸置疑的。这就要求教师在课堂上,必须将学生的中心地位体现出来,并且充分考虑学生的个体差异性,使学生能够在教学过程中都尽可能地得到满足,实现课程学习目标。同时,还要设计一些与学生特点相符的教学内容,这样学生对学习产生兴趣,便会积极主动地参与其中。

3. 设计与学生需求相符的专门性体质健康教育教材

当前,体质健康教育方面的教材更新的速度比较慢,因此,学生所用教材的内容通常偏旧,无法使学生的需求得到较好满足。这就要求教师在编写教材时,要遵循满足学生所需体质健康知识需求的原则,充分利用现有的资源材料,积极开发新的教学课件、教学图文材料、教学音像材料,讲述体育理论知识、体育保健护理知识、户外锻炼知识、运动损伤的预防和治疗实施。[1]拥有一本与

---

[1] 童彦江.邢台市中等职业学校体育健康教育课程开展研究[D].石家庄:河北师范大学,2017.

体质健康教学相适应的教材，这对于更好地开展体质健康教育是有所助益的。

4. 加大教师培训力度，综合提升体质健康教育师资水平

教师综合素质和专业水平的高低，会在很大程度上影响体质健康教育的发展，因此，这就要求必须提高体育健康教育教师的专业知识、教学能力，体质健康教育才能得到更好的发展。这就需要在教师培训方面加大力度，在培训项目上也要有所增加，使教师能够在培训过程中逐渐提升自身的专业素养和能力，丰富理论知识，从而更好地满足学生的需求。

除此之外，教师要多多运用互联网等先进技术，以此来完成查找资料和信息等工作，加强自身的学习；与同教研组教师合作，对在教学中出现的问题，共同探讨，找出解决问题的办法，共同进步。

5. 通过开展形式多样的体质健康教育活动来营造良好的氛围

将健康教育作为校园建设的重要方面，并且将其渗透到校园的各个方面，让学生能够处处感受到健康教育的存在，具体来说，健康教育在校园存在的形式有很多种，比如，在学校餐厅，悬挂含有合理膳食内容的展板；利用学校的宣传栏、墙体、教室黑板等地方宣传健康知识，提高疾病防范意识，净化校风校纪，开展自我约束，共同参与其中，形成天天锻炼的良好风气。

第四节　大学生体质健康管理

一、健康管理的概念与模式解析

（一）健康管理的概念

健康管理，本身就是一种对健康的维持与完善活动，具体来

说,这一活动的主要目的是预防与治疗疾病、保持与增进健康,采用的管理手段是管理学的相关理论和方法,同时,还要将多个相关学科的理论和方法结合起来加以适用,其中体现出了显著的计划性、组织性特点。

健康管理的类型是多样的,根据不同的标准可以进行不同类型的划分。

(1)以健康管理的对象为依据,可以将健康管理分为两种类型:一种是个体健康管理,即以个体为管理单位进行的健康管理;一种是团队或群体健康管理,即以有一定组织构架的团队或群体为单位进行的健康管理。

(2)以健康管理服务来源为依据,可以将健康管理分为两种类型:一种是自我健康管理,一种是社会健康管理。

(二)健康管理的基本模式

一般的,健康管理模式有两种,一种是管理者模式,一种是被管理者模式。

1. 管理者模式

通常,可以对管理者模式进行进一步的细分,具体为以下三个部分:

(1)健康信息管理

个体或群体健康信息的采集与跟踪的管理过程,就是健康信息管理。采集信息可以采纳的途径有很多种,比如,日常生活调查、正常体检(健康体检)、疾病检查等。需要采集的信息的内容所涉及的方面也非常广泛,比如,个体的年龄、性别、身高、体重等基本情况,家族病史、膳食习惯、生活方式,体检后得到的身体各系统的功能状况、实验室检查后理化指标值等。[1]

(2)个人或群体健康与慢性病危险性评价

在完成个人健康信息收集后,通过疾病危险性评价模型得出

---

[1] 王健,马军,王翔.健康教育学[M].北京:高等教育出版社,2009:32.

按病种分类的疾病危险性评价及其主要影响因素报告,就是所谓的个人或群体健康与慢性病危险性评价。由此,能够将个人或人群在一定时间内发生某种疾病或健康危险的可能性预测出来。

(3)个人或群体健康计划及改善的指导

在明确个人或群体患慢性病的危险性及疾病危险因素分布的基础上,将个人或群体健康改善的行动计划及指南制定出来,对不同危险因素实施个性化的健康指导,就是所谓的个人或群体健康计划及改善的指导。一般的,会以个体不同危险因素间组合的特点为依据,来将个人健康管理处方筛选出来,使每个人都能更有效地针对自己的危险因素采取相应的措施。

2. 被管理者模式

被管理者模式也包括三个部分,即了解自己的健康,明确自己的任务,采取行动。

(1)了解自己的健康

具体来说,就是被管理者通过健康管理服务机构或医疗卫生服务机构的健康评价,与相关的资源系统相结合,来对自己的健康状态及其发展趋势加以了解。

(2)明确自己的任务

具体来说,就是被管理者在健康管理机构或在其他社会支持系统的支持下,将可以改变或可控制的健康危险因素以及健康改善目标、健康改善方法和手段确定下来。

(3)采取行动

具体来说,就是被管理者在健康管理机构或其他社会支持系统的支持下积极地行动,从而使个人健康改善目标得以实现。

二、大学生体质健康管理的意义

(一)大学生体质健康管理的必要性

当前,大学生的体质健康状况已经有了一定的改善,这在形态发育水平、营养状况方面都有所体现,但是,也不乏一些问题,比如,大学生在肺活量水平、耐力、速度、力量、爆发力等方面是呈下降趋势的,除此之外,还存在着肥胖、视力不良检出率不断上升等问题。

大学生的体质健康状况会对其健康成长产生一定影响,同时也会对其学习效率和生活质量以及家庭的幸福、安定与和谐,社会的进步与发展,国家的希望与未来,甚至是民族的生死与存亡都产生或大或小的影响。做好大学生的体质健康管理对预防成年期疾病,达到早期预防的目的也具有深远的意义。同时,大学生在获取了相关知识和技能之后,就可以以此来进一步对家庭和社会产生影响,对家庭和社会其他成员获取健康的知识和行为技能,以及全民体质健康的整体提高起到积极的促进作用。

(二)大学生体质健康管理的可行性

大学生体质健康管理之所以能够被认可和接受,不仅与其必要性,还与其可行性有密切关系,而这主要来源于两个方面的支持与优势,具体如下:

1. 国家的支持

国家在体质健康管理方面出台了一些相关的支持政策,其中,最主要的有两个:

2002年,教育部、国家体育总局颁布了《学生体质健康标准》,这一政策颁布的主要目的,在于扭转当前青少年学生身体素质全面降低、体质健康状况下滑的趋势,这对于青少年阶段学生体质健康的提高有促进作用。

2007年,中共中央、国务院下发了《中共中央国务院关于加强青少年体育增强青少年体质的意见》,该意见从政策和实践上都有重要意义,对于青少年学生体质的增强和健康成长都有积极的影响。

第四章　大学生体质健康的教育干预

2. 学校层面的优势

对于大学生来说，学校是其接受教育、掌握生活和工作技能的重要平台和场所，具备开展体质健康管理的条件和基础设施设备等条件，因此，对于学校来说，能更容易集中开展多种形式的教育活动，使大学生在体质健康管理的知识方面有更多的收获，养成良好的生活习惯和健康的行为生活方式，这对大学生体质健康的增进有促进作用。

由此可以看出，国家的支持和学校的优势都赋予了大学生体质健康管理可持续性发展的良好条件，确定其是可行的。

三、大学生体质健康管理的主要内容

大学生体质健康管理的实施，是需要将其内容逐一加以应用的，而所涉及的内容主要有以下这些：

（一）收集信息

收集大学生体质健康的相关信息，及时发现各种健康问题，并且以此为依据，来对大学生体质健康管理的评价和干预提供基础的资料与支持。

（二）传播知识与技能

以学校的名义，定期开展大学生体质健康的讲座和其他方式的宣传教育，使大学生都能掌握一定的体质健康知识和相关行为技能，对大学生体质健康管理意识的提高起到促进作用。

（三）认真检测

定期检测大学生体质健康管理的相关指标，由此了解大学生的体质健康状况，同时，也为更有效地开展大学生体质健康管理和疾病预防提供参考依据。

（四）科学预测

对大学生体质健康的影响因素进行分析和评价，以此为依据，来进一步预测大学生的体质健康状况及健康的发展趋势，从而能够有效提醒大学生体质健康的重要性，并且将其警示作用充分体现出来。

（五）反馈与指导

实施大学生体质健康规划和干预措施，通过跟踪检测、体质健康评选、电话回访等方式，来有效干预大学生的体质健康，对影响大学生体质健康的危险因素进行分类指导，以达到最佳效果。

四、大学生体质健康管理的发展研究

（一）大学生体质健康管理过程中存在的问题

目前，大学生体质健康管理还不够完善，仍然存在着许多问题亟须解决，具体如下：

（1）对大学生体质健康的干预还是以群体为主，在个体方面较为欠缺，这在大学生以终身健康素养提高为目标的个性化的指导方面尤为显著。

（2）社会、学校、家庭以及大学生在科学的健康观、成才观方面还没有完全建立起来，也没有高度重视体质健康管理，认识的程度不够，这就对大学生的学习、生活造成一定的压力和影响，从事体质健康管理的时间不够。

（3）一些高等院校在开展体质健康管理的保障体系方面还存在着较大的不足，基础设施方面也无法满足学生需求。再加上领导重视程度不够，教育培训师资、器材设施、设备资源等相关费用严重不足，这些都制约了体质健康管理的进一步发展与完善。

第四章　大学生体质健康的教育干预

（4）与大学生体质健康相关的法治存在着不健全的问题，评估体系的完善程度也不够。虽然对大学生进行周期性体检，但在长期的健康管理工作方面通常是忽视的，"检而不管"的现象普遍存在，这些也不利于大学生体质健康管理的开展。[①]

（二）大学生体质健康管理发展与完善的措施

针对大学生体质健康管理过程中存在的问题，需要采取相应的措施加以解决，从而使大学生体质健康管理更加科学、完善，促进其可持续发展。

1. 在教育理念上要有所转变

学校、社会、家庭以及大学生，都要坚决遵循"健康第一"的理念，将传统意义上的以健康换分数的做法摒弃掉，使大学生每天的体育锻炼时间得到保证，也进一步使各方面积极参与体质健康管理的良好氛围得到保证，使大学生的体质健康水平有所提高，对大学生的健康成长起到积极的促进作用。

2. 建立并完善合理的大学生体质健康管理和保障体系

在大学生体质健康管理方面，发达国家的先进经验是值得借鉴的，以此来进一步完善现有的评估体系，将大学生健康档案建立起来，有效评估各种与大学生体质健康有关的风险因素，与我国国情相结合，建立具有中国特色的大学生体质健康的评估体系和评估标准，并在以后的管理过程中加以应用。

3. 建立学校、家庭、大学生"三位一体"的大学生体质健康管理体系

要加强学校、家庭、青少年之间的沟通并形成长效机制。具体可以从以下几个方面入手：

首先，大学生是祖国的未来，大学生的体质健康是实现个人

[①] 蒋辽远，刘志浩.青少年体质健康管理的研究与应用[J].中国校医，2014，28(9)：708+710.

发展和国家强大的重要人力资源基础,要重视大学生的体质健康管理。

其次,家长要以身作则,带领子女参加体育锻炼,通过家庭的带领作用,使大学生能够建立起正确的健康意识,对大学生的体质健康起到促进作用。进一步加强大学生体质健康管理的政策、人力、经费等方面的支持和帮助。

最后,高等院校是大学生体质健康管理的核心所在,要通过全方位、个性化的健康管理服务来使大学生的体质健康管理要求得到有效满足。提高领导的重视程度和教师的师资水平,建立足够的体育活动场所并提供相关的设备设施,吸引大学生积极参与其中,提高大学生的体质水平。[1]同时,在社会环境和政策支持下,联合家庭和社区,构建大型体质健康管理体系,并使其保障体系进一步完善。

第五节 大学生健康咨询与专题健康教育

一、大学生健康咨询

(一)大学生健康咨询的重要性

健康咨询在大学生体质健康教育中所起到的作用举足轻重,这种重要地位主要取决于咨询的特性,具体表现在以下几个方面:

1. 健康咨询的传播、引导性

大学生体质健康教育中不可缺少健康咨询,主要原因就在于其传播、引导的特性。健康咨询,实际上是传播健康知识、使来询者会知某种所需保健技能的过程。其中所涉及的内容也较为广

---

[1] 蒋辽远,刘志浩.青少年体质健康管理的研究与应用[J].中国校医,2014,28(9):708+710.

泛,比如健康生活、慢性躯体疾病及就业、婚姻恋爱、儿童保健等方面,通过咨询能够帮助咨询者排忧解难、摆脱困境、调动和启发人们树立自我保健意识。

2. 健康咨询的信息交流双向性

大学生体质健康教育的深化,是需要借助于信息交流的双向性来加以促进的。健康咨询有着多种多样的方式,比如咨询途径方面有:门诊咨询、电话咨询、书信咨询、现场咨询、宣传咨询等;再如,咨询对象方面有:个别咨询与团体咨询。但是,不管方式是什么样的,其中的本质是不变的,即都是咨询双方某种健康问题的信息的交流。由此,就能使大学生体质健康教育在解决求询者的问题时能够更加深入,从而使问题得到较为圆满的解决。某种程度上,这也体现出了其与单向传播的区别。

3. 健康咨询对象的个体性

大学生体质健康教育的宗旨,是使所有的大学生都能保持健康状态,可以说,其教育的结果要在每个大学生身上都有所体现,换言之,就是使每个大学生的个体行为都朝着有利于健康的方向转化,只有每个人的健康目标达到了,整个群体的健康目标才有可能实现。而健康咨询所面对的求询者是以个体的形式出现的,而且咨询的方式则是就具体人的某种具体问题给予解答,因此,健康咨询是对大学生体质健康教育目的实现起到积极的促进作用的一种有效方式。

4. 健康咨询解决的问题具有独特性

由于健康咨询面对的对象是大学生,具有个体性特征,因此,他们所咨询的问题是从自身出发的,这就决定了问题的多样性。即便如此,这些个体间的特殊性也蕴含着一定的普遍性,众多的求询问题中,所涉及的都是健康方面的问题,是大学生体质健康教育工作所要解决的普遍性问题。因此,健康咨询可以为健康教育提供解决问题的依据,也使其针对性更加显著。

5. 健康咨询的社会性

大学生是高等院校的主体,尽管其还没有完全走向社会,但已经作为一个社会人与社会有了一定的联系,其作为健康咨询的对象,希望通过健康咨询解决自身的健康问题,而这些问题也是社会生活中的现实问题。因此,这就将其社会性的特性体现了出来。

健康咨询为大学生体质健康教育找到教育的研究重点。健康咨询的过程,实际上就是通过社会调查来了解和收集健康问题的过程,可以通过大学生这一来询者,对其提出的问题进行综合分析,并且针对性地找出在某一段时间内大学生体质健康教育的重点解决问题。

健康咨询积累的资源也为大学生体质健康教育研究提供实践依据。大学生的咨询资料是非常广泛的,他们之所以去咨询,主要是因为他们自身出现了体质健康方面的问题,咨询资料是客观存在的,咨询问题解决后,导致大学生的行为转变也是客观存在的,同时,咨询资料还具有可排性的特点,因此健康咨询资料是十分珍贵的资料,要得到它并非易事。

(二)大学生健康咨询的具体开展

目前,对于大部分的高等院校来说,健康咨询还没有作为一个正式的内容被纳入大学生健康教育工作中来,这就对健康教育事业的发展产生了一定的制约作用。

关于大学生健康咨询工作的开展,可以从以下几个方面着手进行:

1. 健康教育部门内部附设咨询机构

通常,都是借助健康教育协会的名义,来建立健康咨询中心的。健康咨询中心具有其特殊的职责,具体包括以下几个方面:

第一,开展该区域的健康咨询工作。

第二,设立咨询门诊,开展咨询业务和保健指导、行为控制工作。

第四章　大学生体质健康的教育干预

第三,搞好社会的"横向联合",协调各部门发展健康咨询工作。

第四,积累分析、利用咨询所得的资料。[①]

2.组织机构的成员

组织机构的这些成员,是在健康咨询队伍、健康咨询中心的基础上构成的,一般来说,处于骨干地位的基本上是专职咨询医生,其他主要成员也通常是与健康相关的各个方面专家。

3.对健康咨询给予扩展宣传

由于健康咨询还没有广泛普及,因此,许多大学生对健康咨询还不十分熟悉,鉴于此,就需要通过加大宣传力度,大造舆论,使更多的大学生认识到健康咨询的重要性,明白怎样进行健康咨询,从而使咨询健康问题的主动性有所增强。

4.加大重视与支持力度

切实把健康咨询纳入大学生体质健康教育工作中来,领导者在健康咨询工作方面的重视程度要加大,切实加强对这项工作的领导,将工作纳入计划、统一安排,在人、财、物上创造条件、大力扶持,不断总结经验,对健康咨询工作的顺利开展起到积极的促进作用。

二、大学生专题健康教育

对于大学生来说,专题健康教育的开展与实施是非常有必要的。做好专题健康教育工作,对大学生体质健康教育的推进有着积极的影响,具体可以从以下几个方面入手:

(一)要提高对健康教育专题的认识

教育,是为了培养出越来越多的人才,学校体育与大学生体

---

① 张瑾瑜,王君国,鲍桂玲.健康咨询在健康教育中的重要性[J].中国健康教育,1996(4):38-39.

质健康教育也应该将其在人才培养方面的作用充分发挥出来,作出应有的贡献。由此可见,当前的学校体育与健康在内涵方面还是比较深刻的。以健康娱乐来对体育进行发展方向的指导,通过接触体育手段来对健康起到促进作用,通过合理的体育与健康、卫生、保健等知识的教学过程和科学的体育锻炼过程,增强学生体质,使学生能将积极参加体育运动的意识建立起来并加以优化,除此之外,还要提高学生参与增进健康的终身体育活动所需的自学、自练、自调、自控、自测的能力以及健康生活方式的自我管理能力。

（二）建立独立的健康教育专题目标体系

完善且独立的课程体系的建立,对于大学生体质健康教育有着重要意义。因此,要尽快完善与健康教育系列的内容相匹配的课程体系,尽管"新课标"提出了"健康第一"的指导思想,但是,大学生健康教育课程却并没有在高等院校中普遍存在,更不用说独立的健康教育目标体系了。必须建立完整的健康教育体系,在此基础上,才能使健康教育专题的作用得到充分发挥。因此,建立独立的健康教育目标体系,确立健康教育标准,构建健康教育模式是当前必须要重视并且需要尽快实施的重要工作内容。

（三）做好现有师资队伍的建设与保障工作

教师是教育行为和课程教学的具体实施者,因此,其本身的观念意识与专业水平,都会对其所从事的教育行为和课程教学产生一定的影响,两者之间的联系是非常密切的。因此,对于大学生体质健康教育来说,体育教师应从自身出发,获取更多的与大学生健康教育相关的知识、理论和方法,提高自身的素质,掌握实施健康教育的本领,成为体育与健康教育相结合的复合型教师。与此同时,教师还要通过各种方式和途径来有效提升自身的教育教学、教研、组织管理能力与品格情操素质,提高与时俱进的综合能力。

第四章　大学生体质健康的教育干预

（四）做好大学生专题健康讲座

关于大学生专题健康讲座，所涉及的内容必定是与大学生健康相关的，涉及的范围是非常广泛的，其中有课本上的内容，也有课本之外的其他更加广阔和丰富的内容。大部分学生参加专题讲座，主要是为获取课本知识之外的一些与体育、健康相关的内容，这些内容向各种传媒延伸，向电脑网络延伸。讲座具有信息传授更加直接的特点，并且讲座的形式可以让听讲座的人参与性更强。对于不理解的地方可以和讲座人进行直接的沟通和咨询。大学生专题健康讲座的主要目的在于，能够让学生更加直观地学习健康知识，讲座的形式也能便于学生与讲座人面对面的交流和沟通，加深学生对健康理念的认识和理解，有助于他们形成正确的健康观和健康意识。

讲座具有听众多、水平高和影响大的特点，是进行大学生体质健康教育教学的有效途径之一。在讲座开始之前，要做好相关的准备工作，主要包括：选择讲座主题、确定讲座主讲人、确定讲座时间、确定讲座地点、确定学生人数等。由于讲座具有上述特点，因此对于学习者来说，这是最轻松的学习方式。一般的，讲座的类型有两种：一种是思维型讲座；一种是技术型讲座。具体要根据实际需要来加以选择和运用。

第五章 大学生体质健康教育的科学理论指导

大学生体质健康教育应涵盖能促进大学生身心健康的所有知识与内容，不仅要帮助大学生掌握最基本的体育运动知识与技能，还应重视体育学与运动学相关学科理论知识的传授，以更好地实现对大学生体质健康教育的全面指导。本章重点就大学生体育健身的科学营养与健康饮食、运动伤病处理、健身计划与运动处方制订进行理论阐析，为大学生科学从事体育健身活动以提高体质健康水平提供必要的理论指导。

第一节 体育健身的科学营养与健康饮食

一、体育健身的科学营养

健康离不开营养摄入，良好的身体需要摄入必要的营养，营养是维持健康必不可少的重要因素，一个营养不良的人，可能连最基本的生理活动都无法开展，也不会有良好的身心状态去从事具有一定运动负荷强度的体育健身活动。

大学生要保持和促进自身体质健康，应掌握必要的营养知识，以重视自身日常和体育运动健身期间的营养补充，为自身健康奠定良好的营养基础（表5-1）。

第五章　大学生体质健康教育的科学理论指导

表 5-1　人体各类营养素比例及作用/地位

营养素	体内比例（%）	作用/地位 供给热能	作用/地位 构成组织	作用/地位 调节生理
蛋白质	15～18	次要	主要	主要
糖类	1～2	主要	次要	
脂肪	10～15	主要	主要	
矿物质	4～5		主要	主要
维生素	微量		次要	主要
水	55～67		主要	主要

（一）人体必备营养素

维持人体生命活动的开展需要必要的机体能量消耗，机体能量的提供主要来源于人体从外界摄入的各种营养。

所谓营养素，具体是指能在机体内消化吸收，供给热能、构成细胞和组织、调节生理机能的参与人体物质代谢过程的必需物质，人体营养素主要包括六大类，即蛋白质、糖类（碳水化合物）、脂肪、矿物质（无机盐）、维生素、水。人体获取营养素主要是从各种饮食中获取。

人体不同的营养素在有机体内所发挥的营养功能不同，具体分析如下：

1. 蛋白质

蛋白质是人体的重要生命物质，是构成人体细胞的重要原料，人体的生长、发育、运动、遗传、繁殖等都离不开蛋白质。蛋白质的主要营养功能表现如下：

（1）蛋白质是人体组织细胞的主要原料，主要用于构成机体细胞和组织。

（2）在人体内输送各类物质。

（3）维持机体渗透压、酸碱平衡、新陈代谢。

（4）分解产生热能。

2. 糖类

糖类是人体正常生理活动最重要的能量来源,在人体正常生理活动中发挥着十分重要的作用。

(1) 糖是机体主要热能来源。糖类可提供人体每日摄取的总热量的 50%～55%。

(2) 糖可节省蛋白质消耗,保护肝脏。

(3) 糖能刺激肠道的蠕动、排空,促进消化。

(4) 糖可避免因食物在肠道中滞留产生毒素,减少结肠癌、结肠炎的病发率。

(5) 糖可为中枢神经系统的正常运行提供必要的能量。

(6) 糖在人体中储存可以有效地避免体能耗竭情况的发生。

3. 脂肪

脂肪被誉为人体的"燃料库",在人体日常生理活动和运动中发挥重要的营养功能。

(1) 脂肪是构成人体细胞的原料,参与细胞新陈代谢。

(2) 脂肪为机体活动和运动提供能量。

(3) 增进食欲,增加饱腹感。

(4) 阻止热量散发,维持体温。

(5) 分布在皮下、器官周围,可缓冲外力,保护器官。

4. 矿物质

矿物质在人体中的含量不多,但是却在人体的正常生理活动中发挥着非常重要的功能与作用,不同的矿物质在人体代谢中所发挥的作用不同,总体概括来讲主要表现在以下两个方面:

(1) 构成机体组织。

(2) 调节生理机能,维持正常代谢,预防某些疾病的发生。

5. 维生素

维生素是人体重要营养物质,维生素对体内生物氧化等代谢过程有重要作用,具体表现如下:

第五章 大学生体质健康教育的科学理论指导

（1）促进机体吸收大量能源物质。

（2）吸收构成身体基本物质的原料。

（3）调节物质代谢和能量转变。

人体所需的维生素有十多种，大多不能在体内合成，需要从外界食物中摄取，不同的维生素在体内所发挥的具体作用不同（表5-2）。

表5-2 维生素的主要来源及功能

维生素名称		生物学功能
脂溶性维生素	维生素 A	视紫质成分，是硫酸转移酶的辅酶
	维生素 D	调节钙磷代谢，调节免疫功能
	维生素 E	抗氧化、维持细胞膜完整、延缓老化
	维生素 K	促进凝血酶原合成
水溶性维生素	维生素 B_1	维持神经传导
	维生素 B_2	参与机体抗氧化系统，参与物质代谢
	维生素 B_3	构成 NAD、NADP，参与能量代谢
	维生素 B_6	参与糖代谢，参与一碳单位代谢；维持皮肤、神经系统和细胞的正常功能
	维生素 B_{12}	参与机体生化反应，参与骨髓造血
	叶酸（B_{11}）	辅酶，提供甲基，参与造血
	泛酸（B_5）	维持消化酶的作用，促进对糖、蛋白质的消化吸收
	生物素（B_7）	与脂肪合成、二氧化碳固定有关
	维生素 C	抗氧化，促进铁吸收，提供免疫力
	维生素 P	维持毛细血管正常渗透功能

6. 水

水是重要的生命物质，约占人体重量的70%。水在人体中的作用主要表现如下：

（1）维持体内水环境，参与和保证正常代谢活动的进行。

（2）调节体温。

（3）运输体内物质。

（4）保持腺体正常分泌。

（二）大学生健身科学营养补充

大学生不管参与什么形式的运动,都会消耗一定的能量,但人体内储备的能源有限,需要重视体育运动健身期间从外界科学合理摄取营养,合理营养能够为大学生提供充足的能量,使大学生的身体形态、体重、体脂成分、体能、机能水平等都保持在适宜的状态,有助于良好体育运动健身效果的获得,能有效避免运动伤病的发生,还有助于促进体育运动健身后的身心恢复。

结合人体不同营养素,就大学生体育健身期间的营养补充分析如下:

1. 蛋白质的补充

人体参与运动,蛋白质虽不是主要能源物质,但是体育健身期间,很多酶的活性提高、激素调节活跃,会增加体内的蛋白质消耗。如果蛋白质供应不足,可导致机体器官和肌肉的工作能力下降,必须科学及时补充蛋白质。

体育运动健身期间补充蛋白质应摄入优质蛋白,一般认为,动物蛋白要比植物蛋白更加质优。

（1）动物蛋白:牛奶、羊奶;牛、羊、猪、狗等的肉;鸡蛋、鸭蛋;鱼、虾、蟹等。

（2）植物蛋白:豆类(黄豆、大青豆和黑豆等)和豆制品、芝麻、瓜子、核桃、杏仁、松子等。

人类日常所采用的膳食主食——谷类中蛋白质的含量约10%,是膳食蛋白质的主要来源之一,蔬菜水果等食品蛋白质含量比较低(表5-3)。

表5-3 常见食物中的蛋白质含量（克/100克）

食物	蛋白质含量	食物	蛋白质含量
鸡肉	19.1	牛奶	3.0
鸡腿	17.2	酸奶	3.1
鸭肉	17.3	鸡蛋	13.3

第五章　大学生体质健康教育的科学理论指导

续表

食物	蛋白质含量	食物	蛋白质含量
黄鱼	20.2	小麦粉	10.9
带鱼	21.2	大米	8.0
鲤鱼	18.2	玉米面	9.2
鲢鱼	17.4	黄豆	35.6
对虾	16.5	豆腐	11.1
海蟹	12.2	红小豆	20.1
猪瘦肉	20.2	绿豆	20.6
猪肝	22.7	花生	26.6
猪腰	15.2	香菇	20.1
猪后臀尖	14.6	木耳	12.4
猪前肘	15.1	海带	4.0
猪五花肉	14.4	紫菜	28.2
牛瘦肉	19.8	腐竹	44.6
牛后腿	19.8	葵花子	22.6
牛后腱	18.0	榛子	30.5
牛肚	12.1	核桃	15.2
牛蹄筋	38.4	栗子	4.1
羊瘦肉	17.1	松子	14.1

需要特别注意的是,大学生体育运动健身期间的蛋白质补充应适量,摄入过多的蛋白质和氨基酸,会增加肝肾负担。

2. 糖类的补充

糖类是运动时热能的主要来源之一,为运动者参与运动提供必要的能量,糖类易消化、耗氧少,在运动时会随时被排出,如果补充不及时,而又持续参与健身运动,可导致糖原枯竭,严重时可危及生命。

大学生参与体育健身期间科学补糖,可在不同的阶段有针对性地进行补糖。

（1）运动前补糖：运动前 1～4 小时补糖 1～5 克/千克，最好补液体糖。

（2）运动中补糖：一般补液体糖，少量多次，每隔 30～60 分钟补充一次，不低于 60 克/时。

（3）运动后补糖：运动后越早补糖越好，运动后 2 小时内以及每隔 1～2 小时连续补糖，补糖量为 0.75～1 克/（千克·时），24 时内补糖总量达到 9～12 克/千克。

3. 脂肪的补充

脂肪是运动中热能的主要来源之一。运动可增加体内的脂肪消耗，正常人每日膳食中摄入 50 克脂肪即可满足日常活动需要，运动者可适当增加脂肪的摄入。

补充脂肪，可优选花生、玉米、大豆、芝麻、橄榄、豆腐等素食中丰富的不饱和脂肪酸补充，喜欢吃肉的大学生可选择鸡肉、鱼肉等（表 5-4）。

表 5-4　常见食物中的脂肪含量（%）

食物	脂肪含量	食物	脂肪含量
猪油	99.5	食油	99.5
肥肉	72.8	人造黄油	80.0
猪瘦肉	35.0	黄豆	16.0
牛肉（肥瘦）	13.4	绿豆	0.8
羊肉（肥瘦）	14.1	花生	48.0
草鱼	5.2	核桃仁	62.7
鲢鱼	3.6	芝麻	39.6
带鱼	4.9	杏仁	54.0
大黄鱼	2.5	燕麦片	6.0
鸡肉	9.4	面包	0.5
鸡蛋	10.0	苹果	0.3
牛奶粉（全脂）	21.2	油菜	0.5

需要注意的是，摄入过多脂肪会影响体重，进而影响运动能

力,因此,摄入的脂肪量以占摄入总能量的20%～25%为宜,不宜摄入过多。

4. 矿物质的补充

运动会消耗大量的能源物质,随着运动的深入,运动者体内的矿物质含量及其活动变化也会受到影响,不同矿物质在不同运动状态下的消耗、活动变化不同。大学生参与运动健身,一般应重点关注以下几种矿物质的补充:

(1)铁:正常成人身体总铁量为3.5～4.0克,运动强度大,应增加铁的摄入。

(2)钾(K^+):口服钾,以迅速恢复生长激素、胰岛素样生长因子的水平。

(3)锌(Zn^{2+}):饮用含锌饮料,保证各种酶的激活和正常工作,有效调节体内各种代谢。

(4)硒:一般建议运动期间硒的摄入量每天约200微克,以消除过氧化物,增强维生素E的抗氧化能力等作用。

(5)铜:铜可参与多种代谢反应,运动中补充铜可提高和动员机体内铁的运输,防止贫血。

5. 维生素的补充

运动中,运动员体内物质代谢过程会加强,对维生素的需要量也会增加,此外,激烈的运动会加速水溶性维生素从汗、尿排泄。补充维生素可以增进运动能力,但补充维生素不能盲目增加食物摄取量,应遵循以下要求:

(1)食物供应充足,不从药物中补充。

(2)及时检查,适时适量、有的放矢地补充。

(3)大运动量后,及时从食物中补充。

(4)靠膳食供给不能达到推荐摄入量,通过营养素补充剂补充。

(5)不推荐大量服用维生素剂,以免产生毒副作用。

人体所需维生素主要靠饮食摄入,常见维生素食物来源详见

表 5-5。

表 5-5 维生素的主要来源及功能

维生素	食物来源
A	动物肝脏、奶类、蛋黄、鱼肝油、蔬菜
B_1	米糠、全麦、燕麦、花生、西红柿、茄子、牛奶等
B_2	动物肝脏、肾脏、谷类、肉类、奶类、绿色蔬菜
C	绿叶蔬菜、青椒、番茄、辣椒、菜花、猕猴桃、柑橘等水果
D	鱼肝油、肝脏、蛋黄、鱼
E	糙米、麦芽、干果、大豆、绿叶蔬菜

6. 水的补充

失水会对人体的生理机能产生重要的影响（表 5-6）。

表 5-6 失水对机能的影响

失水程度（占体重百分比）	影响
2%	口渴、不适、食欲下降、尿少
4%	不适感加重，运动能力下降 20%～30%
6%	全身乏力，无尿
8%	烦躁、体温升高、心率加快、血压下降、死亡

参与体育运动健身，体内的水分可通过流汗的方式大量排出，如果体内水分流失过多，可能导致机体的各种不适，也会影响运动能力，因此，运动健身和训练中应注意及时补水，补水应遵循以下基本原则：

（1）预防为主：提前补水，防止运动能力下降，避免脱水。

（2）少量多次：切忌暴饮，以免增加肠胃负担，影响运动。

（3）补大于失：防止身体缺水。

（4）补水同时注意补充矿物质，可以饮用含有糖和电解质的运动饮料。

二、体育健身的健康饮食

健康的饮食是一种健康的生活方式,也是一种维持健康的有效方法,也是确保个体有充足、合理的营养摄入的重要方式,无论是否参与体育健身锻炼,都应该养成健康饮食的习惯,大学生参与体育运动健身期间,为使身心运动状态良好,更应该认识到健康饮食的重要性。

（一）健康饮食的原则

（1）健康的饮食应该在每日膳食中供给必需的各种营养素和足够的食物量。

（2）健康饮食,所选食物应易于消化和吸收,满足不同人群的生长发育、身体健康发展需要。

（3）健康饮食应养成良好的进食习惯,饮食应多样化,一日三餐有规律。

（4）健康的饮食中,食物热量摄入要合理分配,在用餐时间、食物选择上有所区别,满足不同时段的不同需要。

（二）健康饮食的禁忌

1. 偏食与挑食

人体需要六大营养素,没有任何一个食物能涵盖人体所需要的所有营养物质,因此,饮食必须多样化。

现在很多大学生,尤其是女大学生,为了追求纤细身材,长期不吃肉食,这样就不能确保优质蛋白质的摄入,对身体的正常发育和健康成长是极为不利的。

还有很多大学生,经常吃一些油炸食品,长期运动不足,又喜欢聚餐,无肉不欢,导致热能过剩及维生素、矿物质缺乏,易发生动脉粥样硬化。

大学生日常应养成不挑食、不偏食的好习惯,要有意识地在喜欢吃的食物中加些不喜欢吃的,或设法改变这种食物的烹调方法,尽量要做到饮食的多样化,避免体内某些营养素的长期供应不足和一些营养素的供应过剩。

2. 暴饮暴食

暴饮暴食,即一次性吃喝太多,可直接造成肠胃的负担过重,而且胃里食物过多,胃液不够用,胃被撑大,胃的蠕动力降低,容易消化不良,或引起急性胃炎,出现上腹饱胀、腹痛、厌食、恶心和呕吐等症状。

此外,胃内食物量过大,胃壁绷得过紧,还可形成"急性胃扩张",严重者可引起胃穿孔,危及生命。

3. 冷饮冷食

一些人喜欢吃冷食喝冷饮,无论是冬天还是夏天,都偏爱冰凉食物,还有相当一部分人错误地认为,喝冷饮能有效缓解口渴,有一种畅快感,但实际上,一次喝很多冷饮或吃很多冷食,只是满足了口腔的口感刺激,会严重伤害肠胃。

在不运动的情况下,胃受到冷饮冷食的刺激,易导致胃幽门痉挛,水分积存在胃内,容易引起腹部闷胀不适。

在剧烈的运动之后,身体处于体温升高的状态,这时,一次性饮用大量的冷饮可导致胃肠突然受到冷的刺激,引起胃肠血管痉挛以及胃肠壁的平滑肌强直收缩,容易胃肠痉挛,并伴有腹痛、腹泻等不适症状的发生。

4. 进食过快

进食过快,通俗来讲,就是饮食过程中狼吞虎咽,这种不良饮食情况下,食物在口中停留时间短,咀嚼不充分,会影响食物的消化,增加胃负担。

5. 贪食热食

"趁热吃"能吃到可口的食物,但是应避免食物很烫的情况下就吃,贪食热食,不仅容易烫伤舌头、口腔黏膜,损伤牙齿,过热食物还会烫伤食管,食管受到热食伤害残留下的瘢痕和炎症会影响营养素的吸收,也会缩短食管使用寿命。

6. 多盐

健康的饮食应注意饮食清淡,应该限制每天食盐的摄入量,食盐摄入过多,可使液体在体内潴留,使心肾负担过重,易发高血压。一般人每日食盐摄入量为 5～6 克,运动期间出汗较多进而酌情适当补充。

第二节 体育健身的运动损伤与疾病处理

一、体育健身的常见运动损伤处理

（一）挫伤

肌体受钝性外力作用导致深部组织的闭合性损伤,称为挫伤。挫伤后的主要症状就是受伤部位疼痛、肿胀、皮下出血和功能障碍。

挫伤正确处理方法如下：
（1）伤后即刻冷敷、外敷新伤药。
（2）四肢挫伤：包扎固定,必要时及时送医。
（3）手指挫伤：冷水冲淋、按压止血,包扎。
（4）面部挫伤：冷敷,24 小时后热敷；如伤口崩裂伤应送医缝合。
（5）头部、躯干部严重挫伤：如伴有休克、大出血,先进行休克、止血处理,及时送医。

（二）擦伤

擦伤是一种表皮受到摩擦而引起的皮肤表层损伤,伤后可见皮肤表皮剥脱,常伴渗液、出血。

擦伤正确处理方法如下:

(1)较轻擦伤,生理盐水冲洗,涂抹红药水或紫药水或0.1%新洁尔灭溶液。

(2)大伤口擦伤:生理盐水刷洗、清创,消毒,涂云南白药,纱布包扎。

(3)关节擦伤,注意清洗、消毒,涂红霉素软膏止血止痛。

(三)拉伤

拉伤是肌肉过度收缩或拉长致伤,伤后多有肌肉压痛、肿胀感。

拉伤的正确处理方法如下:

(1)轻微拉伤:立即冷敷,局部加压包扎,抬高患肢,24小时后按摩或理疗。

(2)严重拉伤:肌肉断裂者,立即送医就诊。

(四)扭伤

运动中,身体部分肌肉、韧带、关节难以承受运动负荷或动作幅度可产生扭伤,伤部多疼痛、肿胀,严重者可有活动受限现象。

扭伤的正确处理方法如下:

(1)指关节扭伤:冷敷,牵引放松,固定伤部。

(2)肩关节扭伤:冷敷和加压包扎。24小时后可进行按摩、理疗或针灸治疗;如有韧带断裂时,应及时就医。

(3)腰部扭伤:平卧休息,伤部冷敷。

(4)膝关节扭伤:压迫痛点止血,抬高伤肢,加压包扎。

(5)踝关节扭伤:压迫痛点止血,包扎固定;韧带断裂者应及时就医。

(五)关节脱位

关节脱位就是关节离开其应在的位置,即关节"脱臼",关节脱臼后,受伤关节部位会有强烈的疼痛、肿胀,有撕裂感,关节功能丧失。

关节脱位的正确处理方法如下：

（1）如有复位经验，及时复位，固定伤肢，送医检查。

（2）如无复位经验，及时送医，不盲目复位。

（六）腰肌劳损

腰肌损伤，又称腰肌筋膜炎，是腰部长期受力而导致的腰部肌肉的一种慢性损伤。

腰肌损伤的正确处理方法如下：

（1）腰肌劳损发生后，可采用理疗、按摩、针灸、封闭、口服药物、用保护带及加强背肌练习等非手术治疗手段。

（2）顽固病例应进行手术治疗。

（七）髌骨劳损

髌骨劳损是髌骨的关节软骨面和髌骨周缘股四头肌张腱膜的附着部分的慢性损伤，多表现为膝软与膝痛感，阴天、降温天气会有不适和疼痛感。

髌骨劳损的正确处理方法如下：

（1）合理安排休息。

（2）注意整理放松与按摩放松。

（八）韧带损伤

运动中，突然做大幅度的超出韧带承受范围的动作时容易造成韧带损伤，一般为韧带被动拉伤或扭伤，伤后可立刻出现疼痛感，可伴有内细胞组织出血现象。

韧带损伤的正确处理方法如下：

（1）弹力绷带压迫包扎，冰袋冷敷或凉水降温，以缓解疼痛。

（2）利用棉花夹板固定，加压包扎、制动、止血、止痛，以避免并发症。

（3）韧带完全断裂者及时送医院处理。

（4）伤后24小时可外敷中药或按摩、理疗，促进内循环，加速渗出液和积血吸收。

（5）损伤严重者应及时就医。

（6）膝内侧副韧带完全断裂应手术缝合。

（九）出血

出血是指皮肤组织被破坏，血液流出的运动所致损伤，出血后应及时、正确止血与包扎。结合出血情况，出血后的正确处理方法如下：

1. 止血

（1）指压止血

①掌指出血：按压桡动脉及尺动脉。

②下肢出血：两手拇指重叠，在腹股沟中点稍下方，将股动脉用力压在趾骨上支上。

③足部出血：压迫足背及内踝后方胫动脉和胫后动脉。

（2）止血带止血

用气压止血带（或皮管、皮带）缚在出血部位近心端，上肢每半小时、下肢每1小时放松一次，以免肢体麻痹或坏死。

2. 包扎

用绷带和三角巾（或布条）包扎出血部位或肢体，不同伤部，可选用不同包扎方法，如环形包扎、扇形包扎、螺旋形包扎。

3. 大出血

出血不止或出血致休克者，应在压迫止血的同时及时送往医院输血或手术治疗。

第五章 大学生体质健康教育的科学理论指导

（十）骨折

骨折，即骨的完整性遭到破坏，骨折后，有强烈疼痛感，因伤部骨骼扭曲可见肢体变形，有开放性伤口且严重者可见骨骼。

骨折的正确处理方法如下：

（1）避免移动，及时固定伤肢。

（2）如伴有休克现象，应先进行人工呼吸。

（3）伤口出血不止，应及时止血，并尽快送往医院进行治疗。

二、体育健身的常见运动疾病处理

（一）过度紧张

初次参与运动或者在本次运动与上次运动间隔时间太长的情况下，机体短时间难以适应运动负荷强度，容易出现过度紧张。

过度紧张是生理上和心理上的一种共同运动反应，可表现出身体和心理的各种不适症状，如恶心、呕吐、面白、头痛及头晕；严重者会有呼吸困难、神志不清、昏倒等情况的发生。

过度紧张的正确处理方法如下：

（1）停止健身，注意休息。

（2）急救时，使患者平卧或半卧（心功能不全者），松解衣物，同时注意保暖，然后点掐其内关和足三里穴。

（3）昏迷者，可掐人中、百会、合谷、涌泉等穴。

（4）呼吸、心跳停止者，先做人工呼吸和胸外心脏挤压处理，及时送医。

（二）肌肉痉挛

肌肉痉挛，俗称"抽筋"，是运动过程中由于肌肉过度紧张和紧绷或技术动作超出肌肉承受范围而引起的肌肉不自主收缩。发生抽筋后多表现为抽筋部位肌肉疼痛、肢体僵硬，有运动障碍。

抽筋的正确处理方法如下：

（1）轻者，可缓慢均匀地牵引痉挛的肌肉。

（2）腿部肌肉抽筋，应尽力直膝、伸踝、拉长痉挛肌肉，可同时配合局部穴位按摩。

（三）运动性腹痛

运动性腹痛一般是运动引起的腹部生理性疼痛，多由于运动前和运动中活动不充分，胃肠痉挛、腹直肌痉挛、呼吸紊乱等引起，主要表现为腹部不同部位的疼痛。

运动性腹痛的正确处理方法如下：

（1）了解腹痛性质和部位，判断是运动性生理疼痛，还是由运动引起或突发性的病理性疼痛，如果是病理性疼痛，如肠胃炎、阑尾炎、其他系统炎症等，应尽快就医。

（2）运动性腹痛出现，应降低运动负荷，可按压疼痛部位慢跑，按摩以缓解疼痛症状。

（四）运动性低血糖

糖是人体重要的能源物质原料，医学上，将空腹时血糖浓度低于50毫克/分升的症状称为低血糖，大学生空腹健身或者参与长时间剧烈运动，体内糖消耗过多而又不能得到及时的补充可诱发运动性低血糖的发生，可表现为面白、心烦、焦虑、视物模糊，体能糖的过度消耗可导致头晕甚至昏迷。

运动性低血糖的正确处理方法如下：

（1）平卧，注意保暖，饮浓糖水或吃少量食品，昏迷者可静脉注射50%葡萄糖40～100毫升。

（2）晕倒昏迷者，可针刺人中、百会、涌泉、合谷等穴使患者清醒，并及时请医生前来急救。

（五）运动性高血压

运动性高血压，顾名思义，就是因运动引起的血压升高的情况,一般来说,长期不运动者突然参与高强度运动或者体弱者参加运动负荷过大的运动容易发生运动性疾病。

运动性高血压初期有头晕、头疼的症状,正确处理方法如下:

(1)运动中如有不适,及时调节负荷量,注意休息。

(2)原发性高血压病患者应避免剧烈运动,生活要有规律,劳逸结合。

(3)给予药物治疗。

(4)有高血压史者运动应遵医嘱,以后健身提前预防。

(六)运动性贫血

贫血,指正常男子的血红蛋白含量为0.69~0.83毫摩尔/升,正常女子的血红蛋白含量为0.64~0.78毫摩尔/升的情况,运动性贫血是由于运动不当导致的血液中红细胞数和血红蛋白量低于正常值的情况。贫血发生时,可有眩晕感、乏力感。

运动中发生贫血,应及时减少运动量,必要时应停止运动。

(七)运动性血尿

运动期间,运动过量,可引起显微镜下血尿,并无其他疼痛和不适。出现运动性血尿,应做以下处理:

(1)少量血尿表现者,减少运动量,注意观察。

(2)出现肉眼血尿,应停止运动,并最好做进一步医学检查。排除病理性血尿,以免误诊。

(八)运动性中暑

夏季在阳光直射情况下健身或进行长时间健身,身体热量不能及时散发,可诱发中暑,中暑后会有明显乏力感、头晕头痛感,并伴有呕吐、体温升高、皮肤灼热干燥等症状,严重者会虚脱、痉挛、心率失常、昏倒。

运动性中暑正确处理方法如下:

(1)有中暑先兆时,移至通风阴凉处休息,解开衣领,服清凉饮料、浓茶、淡盐水和解暑药物等。

（2）中暑痉挛时，牵伸痉挛肌肉，并服含盐清凉饮料。

（3）中暑衰竭时，服用含糖、含盐饮料，对四肢进行按摩。

（4）中暑昏迷者，可针刺人中、涌泉、中冲等穴，并应迅速就医抢救。

（九）运动性昏厥

暂时性的知觉和行动能力丧失即为昏厥，也称重力休克，是由于血液的重力关系而引起的一种急性脑贫血。一般在昏倒前会有头昏、无力、眼前发黑、恶心等症状出现。

运动性昏厥的正确处理方法如下：

（1）平卧，头放低，足垫高，松解衣带，热毛巾擦脸，嗅氨水或点掐其人中、百会、合谷等穴，做向心推摩。

（2）未恢复知觉前或有呕吐现象时切忌饮食。

（十）延迟性肌肉酸痛

长时间大强度健身后，运动健身的第二天可出现参与运动的肌肉酸痛情况，这就是延迟性肌肉酸痛，可做以下处理缓解和促进痊愈：

（1）热敷或按摩酸痛肌肉。

（2）口服维生素 C 以缓解症状。

（3）进行局部针灸、电疗处理。

第三节　大学生体育健身计划的制订

大学生健身，建议长期坚持参与，这样才能不断巩固健身效果以长期保持身体健康状态。大学生参与体育健身活动，应有目的、有计划、系统地开展，切忌"三天打鱼两天晒网"，健身活动内

第五章　大学生体质健康教育的科学理论指导

容和负荷随意安排、忽大忽小,不规律。因此,科学制订大学生体育健身计划非常必要,这里重点就大学生体育健身的年度计划、周计划、一次健身计划进行详细阐析。

一、大学生体育健身年度计划

(一)健身计划任务

大学生体育健身年度计划,一般以一个学年为划分依据,根据自我专业课程安排和实际健身需求,来对本年度的健身活动与负荷进行统筹规划。

大学的年度健身计划,应明确通过持续参与体育健身活动,在一年结束后,应该达到什么样的一种健身水平与状态。

一学年是一个较长的健身时间段,大学生应做好该时间段内的体育健身的合理规划。一年中,健身活动应以一两项体育运动项目为主,体育运动健身活动既可以专一化,也可以丰富多彩,但无论哪种形式的体育运动健身,在运动负荷安排上都要循序渐进,并适当安排几个周期进行循环复习、巩固,而不能一味不断加大运动负荷,健身应有阶段性,做好健身的准备、提高与过渡,使体能和技能等循序渐进、有序提高。

(二)健身计划安排

大学生年度健身计划安排应注意考虑整个健身年度和各季度、周期的健身工作,并在年度健身总体规划表中分类详细列出(表5-7)。

表5-7　年度健身总体规划表

项目:	姓名:	性别:	年龄:
主要健身任务:			
类别	现实状态		年度健身目标
健身表现/成绩			

续表

项目：		姓名：	性别：	年龄：
主要健身任务：				
	类别	现实状态	年度健身目标	
技能				
素质				
	技术			
	战术			
	形态			
	心理			
	智能			
负荷				
	时期	准备期	提高期	过渡期
	时间			
	主要任务			
	负荷变化			
健身手段及负荷要求				
	健身恢复			
	健身检查			

二、大学生体育健身周计划

（一）健身计划任务

（1）基本健身：通过改变负荷引起新的生物适应现象，提高体能素质、运动能力,发展一般身体素质和部分专项身体素质的健身手段。

(2)巩固提高:在基本健身周的基础上,结合运动专项,强化和突出专项特点。

(3)恢复:放松健身,通过降低运动负荷及采用各种恢复措施消除身心疲劳,促进恢复,为下一周的健身奠定基础。

(二)健身计划安排

大学生参与体育健身,周健身计划安排可参见表5-8。

表5-8 周健身计划安排

时间: 年 月 日至 年 月 日				周次:
健身阶段:			健身类型:	
主要任务:				
星期	任务	内容手段	负荷	恢复措施
周一				
周二				
周三				
周四				
周五				
小结				

三、大学生体育健身次计划

(一)健身计划任务

(1)健身内容与形式多样化,全面活动身体,使身体得到全方位的锻炼。

(2)在良好准备与丰富的基础健身练习的基础上,合理安排一般和专项运动素质的比例,结合具体的体育运动项目技术、技能练习,提高身体素质和运动能力。

（3）整理放松练习,促进身体从激烈运动状态向安静状态逐渐过渡。

（二）健身计划安排

大学生一次健身课的健身计划安排参见表5-9。

表5-9 一次健身活动计划安排

健身任务：			负荷要求：			
阶段	健身手段	时间	负荷要求	技术要求	组织形式	场地器材
准备活动						
基本练习						
生理活动						
整理恢复						
小结						

第四节 大学生健康运动处方的制订

一、运动处方的概念与分类

（一）运动处方的概念

运动处方,指针对个人的身体状况而制订的一种科学的、定量化的周期性锻炼计划。

运动处方是针对专门的健身者、运动员进行的有针对性的健身、训练安排,具体健身与运动训练内容与运动对象的身体健康状况、体力情况、健身与运动训练需求高度相符,能有效促进健身与运动训练者的身体健康发展。

第五章　大学生体质健康教育的科学理论指导

（二）运动处方的分类

结合不同分类标准，运动处方的分类标准与内容详见表5-10。

表5-10　运动处方的分类

分类标准	分类内容
运动健身目的	健身运动处方
	竞技运动处方
	康复治疗运动处方
构成体质要素	改善身体形态的运动处方
	增强身体机能的运动处方
	增强身体素质的运动处方
	调节心理状态的运动处方
	提高适应能力的运动处方
锻炼的器官与系统	心血管系统的运动处方
	呼吸系统的运动处方
	神经系统的运动处方
	消耗系统的运动处方
	运动系统的运动处方
运动环境	社区运动处方
	健身房健身运动处方
	家庭健身运动处方
	学校健身运动处方

二、运动处方的构成要素

（一）运动目的

运动处方的运动目的，即运动者的具体运动需求、运动目标。大学生健身运动目的主要有三种，一般是增强体质、健美形体、提高运动竞技能力。

(二)运动内容

无论是基于哪一种运动目的的运动处方,在运动处方的体育活动内容安排中,都需要运动者的身体参与和完成各种活动,身体活动过程中,会不可避免地需要集体的各种运动素质能力积极参与其中,因此,运动处方活动内容,从本质上讲,就是对运动者的具体的某一项、或者某几项运动素质的练习。

对各种不同身体运动素质的运动处方活动内容安排总结概括如下:

(1)力量素质练习:以增强力量、改变形体的活动为主,可借助各种运动器材(如哑铃、杠铃、弹簧、橡皮筋等)完成。

(2)速度素质练习:可通过各种起跑、跑的练习进行,以有针对性地提高身体各部位的反应速度、动作速度及有机体位移速度。

(3)耐力素质练习:旨在提高身体的运动耐受力,可采取各种形式的走跑健身、自行车以及健身操、健美操、武术、球类运动等的技术动作套路与对抗来完成。

(4)柔韧素质练习:旨在改善身体柔韧性,主要健身内容有健美操、韵律操、医疗器械体操、形体练习等。

(三)运动负荷

运动负荷包括运动强度与运动量两部分内容,运动强度是指人体运动中单位时间移动的距离或速度。运动量是指运动者体能健身负荷的运动的大小。

大学生体育健身,运动强度与运动量应始终结合身体实际情况和运动需求来确定,运动强度与运动量不能过大或过小,一般来说,大学生可通过对自我心率检测来判断运动负荷的大小。

(1)小强度运动负荷:心率在约120次/分钟。

(2)中强度运动负荷:心率在约150次/分钟。

(3)大强度或极限运动负荷:心率在约180~200次/分钟。

大学生日常运动健身,采取中小强度运动负荷即可,避免负荷过大而诱发运动伤病和发生危险。

（四）运动时间

运动时间是指持续参与体育运动健身的时间。大学生参与体育健身一般是利用课外运动时间进行，具体每一次健身的运动时间的长短应结合具体的运动目的、运动项目、运动负荷来确定。

（五）运动次数

大学生体育健身锻炼，每周参与次数为3～4次或隔日锻炼为佳。如能每日都坚持体能健身最好，但需要特别提醒大学生的是，健身锻炼次数并非越多越好，应考虑自身实际情况，确保下次健身开始时身体处于积极的状态，避免疲劳情况下持续健身。

三、大学生不同健身目的的运动处方制订

（一）发展体能的健身运动处方

体能素质涉及内容较多，这里仅对当前大学生群体普遍关注的几项重点体能素质发展的运动处方制订举例分析如下：

1. 发展肌肉力量的运动处方

大学生发展肌肉力量素质，应充分结合大学生机体的生理年龄发展特点和身体素质的情况，进行有针对性的健身锻炼，具体运动处方可参考表5-11。

表5-11 发展大学生肌肉力量的运动处方

基本情况	姓名	×××	性别	男	年龄	20岁	职业	学生
医学检查	安静脉搏：80次/分钟				最高心率：200次/分钟			
	血压：100/70毫米汞柱				肺活量：2500毫升			
	心肺听诊：正常				心电图结论：正常			
体力诊断	运动实验结果：最大吸氧量3200毫升							

续表

基本情况	姓名	×××	性别	男	年龄	20岁	职业	学生
运动处方	运动目的	提高肌肉力量							
	运动项目	上下凳子、立卧撑、引体向上、仰卧起坐、哑铃蹲跳、体前屈							
	运动强度	运动心率控制范围：140～160次/分钟							
		用力级别：60%左右							
		代谢强度：中～大							
运动处方	运动时间	10次×3组							
	运动频度	每周2～3次							
	注意事项	（1）运动负荷强度应掌握在60%左右。 （2）各组间应得到较好休息。							

2. 发展最大速度的运动处方

大学生速度素质的提高，主要通过各种形式的跑步锻炼来实现，注意距离不要太长，且应在大学生精神状态良好、机体兴奋状态下开展健身锻炼，具体运动处方制订可参考表5-12。

表5-12 发展大学生最大速度的运动处方

基本情况	姓名	×××	性别	男	年龄	18岁	职业	学生
医学检查	安静脉搏：75次/分钟				最高心率：200次/分钟			
	血压：110/70毫米汞柱				肺活量：3800毫升			
	心肺听诊：正常				心电图结论：正常			
体力诊断	运动实验结果：最大吸氧量3500毫升							
运动处方	运动目的	提高最大速度						
	运动项目	40米下坡、30米平地、30米上坡、负重半蹲起跳，采用重复练习法						
	运动强度	运动心率控制范围：140～160次/分钟						
		用力级别：60%～80%						
		代谢强度：中～大						
	运动时间	每次5组						

第五章　大学生体质健康教育的科学理论指导

续表

基本情况	姓名	×××	性别	男	年龄	18岁	职业	学生
	运动频度	每周2～3次						
	注意事项	（1）做好准备活动。 （2）上坡跑时腿抬高。 （3）下坡要加快步频，避免身体前倾过多。 （4）平地跑要加速跑。 （5）肌肉有痛感，应停止训练。 （6）伤病恢复期间，不要健身。						

3. 发展灵敏、柔韧素质的运动处方

很多体育运动项目的技术动作练习和游戏活动都有助于促进大学生灵敏、柔韧素质的发展，大学生可结合自身兴趣和爱好选择具体运动项目，发展灵敏、柔韧素质的运动处方参考表5-13。

表5-13　发展大学生灵敏、柔韧素质的运动处方

基本情况	姓名	×××	性别	男	年龄	19岁	职业	学生
医学检查	安静脉搏：80次/分钟				最高心率：200次/分钟			
	血压：90/60毫米汞柱				肺活量：2800毫升			
	心肺听诊：正常				心电图结论：正常			
体力诊断	运动实验结果：最大吸氧量2500毫升							
运动处方	运动目的	提高灵敏、柔韧素质						
	运动项目	不对称徒手操、健美操、武术、球类游戏						
	运动强度	运动心率控制范围：120～140次/分钟						
		用力级别：40%～60%						
		代谢强度：小～中						
	运动时间	每次20～30分钟						
	运动频度	每周3～4次						
	注意事项	（1）注意运动安全。 （2）合理组织安排训练内容。						

（二）减肥塑形的健身运动处方

肥胖是我国青少年学生普遍面临的一个问题，很多大学生在青春期因饮食增加，喜食高热量食品与饮品，加上学业任务重，运动不足，会偏向肥胖，这些人在进入大学后，随着审美的变化，会有强烈的身材管理需求。

大学生正处于非常关注外形外貌的阶段，很多大学生积极健身就是为了有一个健美的形体，结合身体不同部位的健身健美需求，大学生减肥、塑形健身运动处方制订见表5-14、表5-15。

表5-14　大学生减肥运动处方

运动项目	运动强度	运动时间	运动频率
结合自身兴趣和爱好选择具体项目	达本人最大吸氧量的60%～70%或最高心率的70%～80%	每次不少于1小时	每周4～5次

表5-15　大学生塑形运动处方

塑形部位	运动内容	运动强度、时间、频率
颈部	仰卧颈屈伸	每次3～5组，每组10～15次，周2～3次
	耸肩运动	每次3组，每组12～16次，每周3～5次
肩部	哑铃举	每次5组，每组15～20次，每周3～5次
	哑铃绕环	双手由前向后、由后向前各做15次，每次5组，每周3次
胸部	仰卧推举	每次3～5组，每组8～12次，每周2次以上
	仰卧飞鸟	每组10～15次，每次3～4组，每周2～3次
背部	引体向上	每组5～20次，每次3组，每周2次
	俯卧两头起	每组12～18次，每次4组，每周3次
臂部	直体双臂胸前弯举	每组10～30次，每次5组，每周3次
	小臂肌肉健美	反复做25～30次，每周3次
腰腹	仰卧起坐	每组30～40次，每次3～5组，每周2～3次
	仰卧起坐并转体	每组3～5次，每次5组，每周2～3次

第五章　大学生体质健康教育的科学理论指导

续表

塑形部位	运动内容	运动强度、时间、频率
腿部	负重深蹲	每组 8～16 次,每次 3～5 组,每周 2 次
	负重提踵	每组 15～20 次,每次 4 组,每周 2 次

第六章　大学生体质健康教育与生理健康促进

体育健身是大学生体质健康教育的重要内容之一,体育健身对促进大学生生理健康具有重要意义。在大学生体质健康教育中,应将体育教学与体能训练重视起来,科学引导大学生参与体育健身锻炼,以增强体质,塑造健康形体。本章主要就大学生体质健康教育与生理健康促进展开研究,主要内容包括体育健身的生理学基础、体育健身对大学生生理健康的积极影响、大学生体质体能教学与训练指导以及大学生健康形体塑造与康复训练。

第一节　体育健身的生理学基础

一、体育健身与肌肉活动

（一）肌肉概述

肌肉是人体运动系统的基本组成部分,肌纤维是肌肉的基本组成单位,若干肌纤维排列成肌束,若干肌束聚集起来构成肌肉。

人体肌肉主要有骨骼肌、平滑肌和心肌三种类型,其中骨骼肌数量最多,大约600多块,主要附着在骨骼上。根据骨骼肌外形的不同,可以将骨骼肌分为长肌、短肌、扁肌和轮匝肌4种类型。

第六章　大学生体质健康教育与生理健康促进

（二）运动中肌肉的工作形式

在参与体育健身运动的过程中,肌肉的工作形式以收缩运动为主,具体包括以下几种形式：

1. 向心收缩

向心收缩是指运动过程中人体肌肉长度缩短,这种收缩形式主要出现在力量练习中。

2. 等长收缩

等长收缩是指当肌肉收缩产生的张力与外力相同,或某一身体姿势维持不变时,虽然肌纤维有收缩迹象,但肌肉总长度不发生变化的收缩形式。

3. 超等长收缩

超等长收缩是指肌肉先进行离心收缩,再进行向心收缩的形式,这种肌肉收缩形式又被称作"离心向心收缩"。

二、体育健身过程的生理监控

在体育健身锻炼过程中,对运动生理负荷进行严格监控能够大大提高健身的科学性与实效性。在监控的同时能够对健身者的生理学反应有所了解,从而根据实际情况适当调整运动负荷,以适应健身者的需求。生理监控是动态的,监控过程中要对相关的生理学方法及生理学指标进行合理筛选与运用,以充分发挥监控的积极作用。

（一）体育健身生理监控的原则

1. 简便性监控原则

在体育健身过程中实施生理监控,所采用的检测方法应简单一些,可操作性强一些,筛选的检测指标不要太多,对检测器材的要求也不要太高,否则实施起来有难度,影响效率。

2. 可靠性监控原则

对健身者在体育健身中承受的生理负荷进行监测,要确保数据真实可靠,且达到一定的稳定性,如此才能实现对生理负荷的合理调控。为保证监测数据的可靠性,应在监控前及时排除对数据的可靠性会造成不利影响的一系列因素,并认真检查器材,按照规范的步骤采集数据。

3. 连续性监控原则

连续性指的是连续采样,以保证采集的数据连续而统一,保证数据误差最小。通过连续采样可以系统了解体育健身过程中的生理负荷变化规律和健身者的生理反应。

4. 不干扰性监控原则

对体育健身过程的生理监控是实时的,这样很容易干扰到健身者的正常运动健身,如器材的干扰、监测人员的干扰等,受到干扰的健身者很难在健身过程中正常发挥,这样会对运动生理负荷监测数据的准确性与连续性造成影响,为避免出现这类问题,在监控过程中要尽可能避免对健身者的干扰。

(二)体育健身生理监控的检测方法

1. 实验室测试法

针对受试者的实际情况为其制定个性化运动方案,受试者在实验室按照为其量身打造的运动方案进行练习,工作人员实时观察受试者的生理机能指标在运动中会有哪些变化。

2. 运动现场测试法

在运动现场直接观察健身者在整个运动过程及恢复阶段的生理机能特征,以了解其在运动状态下生理指标的变化及各种生理反应。

例如，用心率遥测仪测定运动时心率就是这种测试方法的具体运用。

第二节 体育健身对大学生生理健康的积极影响

科学体育健身对大学生生理健康的积极影响主要表现在以下几个方面：

一、促进呼吸系统功能的改善

大学生在体育健身锻炼中，呼吸加深，吸进的氧气和排出的二氧化碳都比较多，这就大大增加了肺活量，增强了肺功能。大学生长期坚持参与体育健身活动，能够不断提高身体适应能力，匀和而平稳地呼吸。

二、促进消化系统功能的改善

体育健身会消耗人体内的营养物质，增强机体代谢，从而使人的食欲得到改善。不仅如此，大学生参与体育健身锻炼，胃肠蠕动更加通畅，也会快速分泌消化液，从而使肝脏功能得到改善。这些都有助于提高大学生消化系统的功能。

三、促进神经系统功能的改善

大学生在神经系统的支配下参与体育健身锻炼活动，长期坚持锻炼，肢体越来越协调，身体越来越灵活，思维越来越清晰，并能以充沛的精力投入到学习中，提高学习效率。

四、控制体重，塑造健康体形

肥胖是大学生群体中普遍存在的健康问题之一，肥胖会对人体的正常生理功能造成不良影响,会加重心脏负担,如果皮下脂肪过多,则死亡危险率也会增加,影响寿命。体育健身运动能够帮助大学生去除多余脂肪,使肌肉力量更强,关节更加柔韧。大学生只有长期参与体育锻炼,才能达到控制体重,保持健康体形的目标。

五、预防伤病

长期坚持参与体育健身活动,有助于降低心血管疾病的发生机率;科学锻炼能够有效控制血糖,减少糖尿病发生的可能性;运动健身还能促进骨质密度和强度的增加,对骨裂有预防作用;有规律的科学锻炼还能预防癌症。总之,科学而持之以恒地锻炼,能够有效预防伤病,增进健康。

第三节 大学生体质体能教学与训练指导

一、大学生体质体能教学与训练的现状与改进

(一)大学生体质体能教学与训练的现状

培养大学生的体育锻炼意识与习惯,增强大学生体质,使大学生健康成长与成才,这是高校开展体能教学与训练的主要目的。健康是一切生命活动的基石,大学生只有拥有健康的体质,体能良好,才具备了为国家与社会作贡献的"本钱"。因此,高校教育不能忽视体育教育,在体育教育中要将体能教学与训练重视起来,促进大学生身体素质水平的提高。当前,我国高校不太重视体质健康教育和体能教学训练,这是导致大学生身体素质较差的主要原因之一。下面具体分析我国大学生体质体能教学与训练的现状与问题:

第六章　大学生体质健康教育与生理健康促进

1. 高校对大学生体能教学与训练不够重视

不重视培育学生体能素质的高校主要是办学主体（高校管理者）从思想上没有给予重视，思想上的不重视导致大学生体质测试成绩不理想，如力量弱、速度慢、耐力差、不够柔韧与协调等。从高校体能课开设情况来看，训练方法手段单一的问题严重制约了学生参与体能训练的积极性，而且体育教师在体能训练指导方面表现出知识储备少、训练理念落后、缺乏耐心等问题。总体而言，高校体能教学与训练的模式比较落后，体能课教学与训练内容比较传统陈旧，中长跑、立定跳远、仰卧起坐等作为体能课的传统内容一直以来都没有很大的调整，学生长期重复同样的体能练习，自然提不起兴趣，也逐渐失去了上体能课的热情，甚至有些学生开始抵触体能课，在课上出现一些负面情绪，这不仅不利于学生体能的发展，也不利于学生心理健康。

2. 学校体育场地设备条件较差

高校体能教学与训练活动的开展需要以充足的体育场地、标准的体育器材设备等物质条件作为基础保障，但目前来看，高校体能教学训练发展不容乐观，很大一部分原因与高校缺乏这些硬件条件有关，这个问题是很多高校的共性问题。田径场、篮球场等基础运动场地在大部分高校都已具备，但足球场、体能训练馆及丰富多样的运动器材设备却只在少数条件较好的高校才具备，很多高校现有的硬件条件都不能充分满足体能课教学与训练的需要。此外，学校的体育场地在课堂时间对外开放，部分运动器材也是在课堂上才会分配给各班级使用，而在课余时间和周末，学校的体育场馆和运动器材都不会轻易对外开放或向外租借，这就影响了学生在课余时间的体能训练，也影响了学生参与体能训练的积极性，最终影响了学生体能素质的发展。

3. 大学生参与体能训练的时间不足

高校体能课上关于体能教学与训练活动的安排是有组织、有计划的,学生在有限的课堂时间内在教师的组织下参与以集体形式为主的学练,虽然能够达到一定的效果,但毕竟课堂时间有限,除去教师授课时间,留给学生自主学练的时间更少。此外,一些高校没有开设专门的体能课,体能训练是在其他体育课上穿插进行的,如在田径或球类运动课上穿插一些简单的体能训练内容,但依然以田径或球类运动技能教学为主,体能训练内容只占很小的比例,或者只是作为热身运动出现,学生无法进行系统的体能训练。

除了体能课的课堂教学时间有限或体育课堂上安排的体能训练内容极少之外,学生在课后参与体能训练的情况也不容乐观,这与学生缺乏自主锻炼意识、对体能练习不感兴趣、运动场地设施不足、校园体育锻炼氛围不浓、学生得不到指导等原因有关。总之,大学生不管是在体育课堂上还是在课余时间,其参加体能训练的时间都比较少,锻炼时间得不到保障,这大大影响了大学生体能素质的发展,导致大学生体能素质明显下滑。

4. 大学生体能训练缺乏科学指导

部分大学生不能正确理解体能训练,而且在参与体能训练的过程中存在训练方法不当、运动负荷不合理、训练内容单一等问题,最终训练效果不乐观,身体素质也没有明显增强。这一现象与大学生在体能训练中缺乏科学有效的指导有直接的关系。大学生参与体能训练主要是在体育教师或专门的体能教师的指导下进行的,如果体育教师或体能教师对体能训练缺乏正确的理解,或者说教师本身没有树立先进的训练理念,那么在指导学生上必然会出现问题。例如,一些教师在指导学生进行体能训练时,一味强调以大强度训练为主,以重复训练为主,认为只有重复不断地练习,不断加大练习强度,才能取得理想的体能训练效果,但有时却适得其反,而且得不偿失。

体能训练方法单一是很多体育教师都共同存在的问题,最主要的表现就是在力量素质训练中反复要求学生做举杠铃的练

第六章　大学生体质健康教育与生理健康促进

习;在速度素质训练中要求学生反复练习冲刺跑;在耐力素质练习中要求学生练习长跑,等等,而且教师一直强调反复多练。重复使用这些单一的训练手段难免会使学生在体能训练中感到无趣乏味,大学生参与训练的热情也必然会受到影响,最终训练效果自然也就达不到预期。此外,大学生体能训练缺乏简便易行的方案与计划,教师没有认识到制订计划的重要性,因此对练习内容、练习方法、练习次数与组数以及练习时间的安排都比较随意,甚至有时候盲目安排,最后导致训练效果大打折扣。

5. 体育教师专业水平不高

在高校体能教学与训练中,大学生是主体,教师主要发挥引导作用,所以体育教师要具备扎实的专业知识和基本素养,这样才能胜任高校体能教学工作。高校体能教学与训练的工作一般都是由普通体育教师负责的,很少有高校会聘请专门的体能教师。普通体育教师因为不是专修体能专业,所以在体能教学与训练方面专业性不强,主要凭借自己在体育教学中积累的经验进行体能教学,主观性较强,忽视了教学对象的体能情况,也没有坚持体能训练相关理论的指导,所以教学效果往往不是很理想。

体育教师在体能教学与训练中会采用什么样的方法,主要取决于他们对体能教学训练目标的理解及专业水平。因为不同的教师有不同的理解,专业水平也参差不齐,所以在体能教学训练实践中采用的方法也有差异,有些体育教师认为体能教学训练主要就是做一些简单的热身活动,重点是为学习具体运动项目技能做准备;有的体育教师在体能教学训练中一味强调大强度、多次练习,这些都是片面的或不科学的,都不利于取得良好的教学与训练效果。

(二)改善大学生体质体能教学与训练现状的对策

1. 政府加强对高校教育的引导,从政策上提供支持

高校体育工作的开展与落实需要政府有关部门介入,政府部

门要积极引导高校开展好各项体育工作,宣传体能教学训练的重要性,使高校领导将开设体能课重视起来,并使大学生对体能训练促进体质健康的重要价值有真正的认识,只有思想认识水平提高了,大学生才能更加积极主动地参与体能训练,锻炼身体素质。

高校开展体育工作需要政府体育职能部门和教育职能部门的共同监管,政府部门要严格监督与管理,落实责任到人的制度,制定科学合理的高校体育工作评价体系,以对高校体能教学训练的实施情况予以客观的评价。为促进高校体育工作的开展,为高校体能教学训练的落实提供保障,政府部门需制定相关政策予以大力扶持与引导,通过积极有效的干预来推进高校体育工作的开展,提高高校体能教学训练水平,满足大学生体能锻炼的需求,保障大学生体质健康。

最后,政府有关部门也应从政策与资金上为高校体育硬件设施建设提供扶持与帮助,完善高校体育教学训练的硬件条件,从而为高校体能教学训练活动的开展提供良好的物质环境,从物质层面保障大学生顺利参与体能教学与训练,使大学生在体能课上通过不断的练习来提高体质健康水平。除了基本的场地器材等硬件设施外,还要配置与完善相关配套设施,如现代化监控器材等,这样能够更好地保障大学生体能教学与训练的效果。

2.加强体能训练课程管理

促进肌肉活性的增强和心肺功能的改善是体育锻炼促进大学生生理健康的主要表现,大学生科学而系统地进行体能锻炼可以使这些生理健康促进效果得到进一步强化,并减少在锻炼中发生伤病的可能性。体能训练不但可以强化生理健康促进的效果,还对大学生的心理健康有重要的促进意义,大学生有规律地、持之以恒地参与体能训练,对身心健康有很大的帮助,因此,高校应注重开设体能课,重视体能教学与训练,加强对体能教学训练的科学管理,保障体能教学训练活动的顺利进行,不断提高体能教学训练效果,最终提高大学生身心健康水平。

第六章 大学生体质健康教育与生理健康促进

3. 加强体能教学与训练的理论教育

在大学生体能教学与训练中,不能一味强调体能训练的实践方法,还要给大学生适当传授一些关于体能训练的理论知识,以提高大学生对体能及体能训练的认识水平,并能在科学理论的指导下有效进行体能训练,提高训练效果。在体能教学与训练的理论教育中应重点做好以下工作:

首先,让学生了解身体素质健康及协调发展对提高学习效率和提高生活质量的重要性,然后阐释体能训练促进身体素质健康与协调发展的重要意义。从而提高学生对身体素质及体能训练重要性的认知,自觉通过体能训练来提高身体素质水平。

其次,激发学生的兴趣,培养学生主动参与体能训练的意识,使学生将体能锻炼有机融入自己的日常体育锻炼活动中,增强身体活力和抵抗力。

最后,将体能训练的主要原则和技巧传授给学生,使学生能够更加科学地参与体能训练,促进训练效果的提升,同时,预防在体能训练中因训练不当而发生损伤现象。体育教师要向学生讲清楚,在体能训练中先练习简单的动作,再逐渐增加动作难度,运动强度也是从低到高逐渐增加,如果训练内容既有有氧练习,又有无氧练习,则先有氧后无氧。此外,体育教师还要注意向学生强调训练前热身活动和训练结束后整理活动的重要性,并强调训练后身心恢复的重要性,从而为下一次的体能训练打好基础、做好准备,提高训练的科学性与实效性,取得良好的训练效果。

4. 提高体育教师的专业水平

体能课虽然也是高校中常见的体育课程之一,但并不是所有的体育教师都能胜任体能教师一职,非体能专业的体育教师在体能课上执教与执训,效果都不是很好。对此,高校必须重视培养与引进专门的体能教师,有关部门也要重视对体能师资的职前培养与职后培训。

在培养体育师资方面,体育院校、师范院校肩负重任,为了培养专业体能教师,这些师资培养单位应开展专门的体能课程,加强体能课程建设,而且要注意体能课程不仅包括实践课程,还包括理论课程,应将这两类课程的开展都重视起来,使培养对象掌握丰富的体能理论知识,并将这些知识运用到体能训练实践中去,用理论指导实践,提高训练的实际效果。高校在体能教师的专业培养中,还要引导培养对象树立先进的体能训练理念,掌握体能训练计划的制订技巧、体能测量评价方法以及体能医疗保健常识等相关知识,提升体能教师的专业理论素养。

除了职前培养外,职后培训也很重要,在职教师是主要培训对象,高校要定期组织讲座,邀请体能训练领域的专业人士为学校体能教师传授专业知识,以增加体能教师的专业知识储备,拓展体能教师的视野,使体能教师更新教学训练观念,自觉学习先进的教学训练方法,在体能教学训练中将自身的专业水平和主导作用充分发挥出来,提高体能教学训练的效果。高校还应为体能教师提供一些外出培训的机会,促进体能教师的专业发展,使其在自己的专业领域做出更多的贡献。

二、大学生体能训练方法指导

(一)力量训练

1. 手臂力量

(1)手腕屈伸负重练习

两手反握杠铃或哑铃,前臂分别贴在两大腿上,手腕伸出位于膝关节外。手腕围绕额状轴上下旋卷,手腕卷屈幅度尽量大;或者采用正握杠铃的方法进行练习(图6-1)。

图 6-1

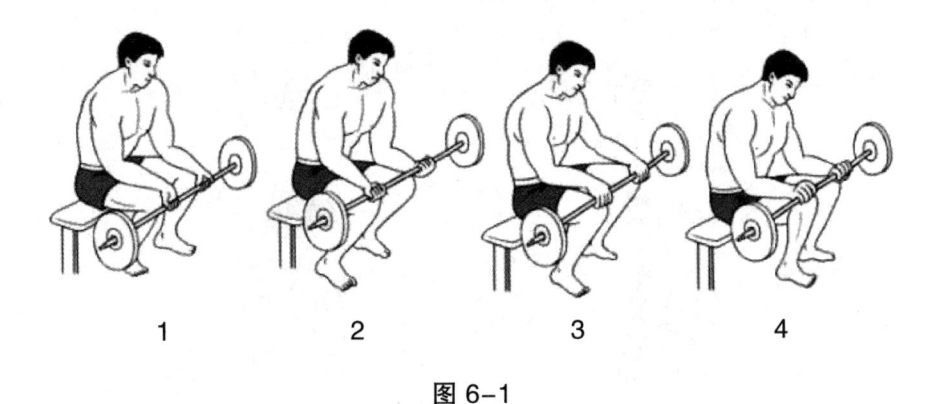

（2）坐姿弯举

坐在凳端，两腿自然分开，一手握哑铃，另一手掌置于持哑铃手侧的膝关节上部，握哑铃手臂伸展，将肘关节的上部置于膝关节处另一侧的手背上，上臂固定，慢速屈肘至胸前，然后再有控制地恢复预备姿势（图 6-2）。

图 6-2

2. 肩部力量

（1）颈前推举

身体直立，两手握杠铃于锁骨处，握距同肩宽，手臂向上伸直将杠铃推起，然后慢放还原，反复练习（图 6-3）。

图 6-3

（2）头上推举

两脚开立，两手各握一个哑铃，屈臂置于肩上，手臂迅速向上伸展，将哑铃推举至头顶上方，慢慢放下还原（图 6-4）。

图 6-4

3. 腹部力量

（1）支撑举腿

双手支撑在双杠上，两臂伸直，身体伸展，下肢放松，双脚并拢，收腹举腿至水平位，然后还原，反复练习（图 6-5）。

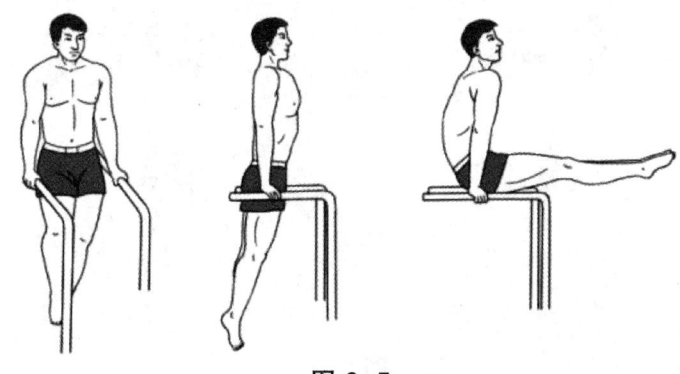

图 6-5

（2）悬垂举腿

两手正握单杠，两臂伸展，下肢放松，身体悬垂，依靠收腹力量直腿上举，使脚腕触及单杠后再还原，反复练习。

4. 腿部力量

（1）下蹲腿后提铃

两脚开立，屈膝下蹲，杠铃与脚后跟紧贴，正握杠铃，蹲起直臂提铃于臀部，挺胸直背，然后还原，反复练习（图 6-6）。

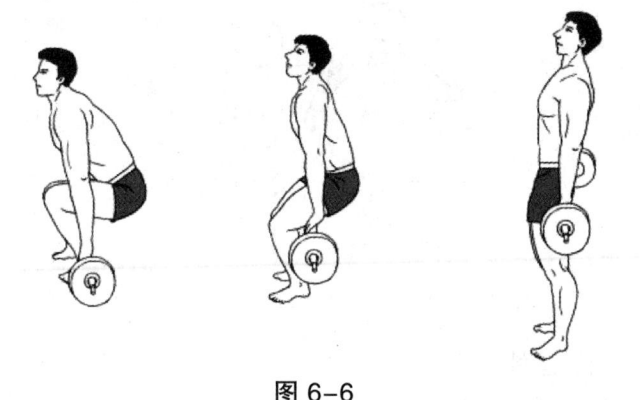

图 6-6

（2）负重深(半)蹲跳

双脚开立，身体直立，双手握杠铃扛于颈后，屈膝半蹲快速蹬伸，髋膝踝充分伸展，向上跳起，落地时保持半蹲或深蹲，反复练习（图 6-7）。

图 6-7

(二)速度训练

1. 反应速度

(1)压臂固定瑞士球

两人一组在长凳上坐立,练习者一手臂水平向同方向伸出,手掌压瑞士球。同伴向侧面不同方向以最大力量的60%~75%拍球,练习者用力按压,防止球移动(图6-8)。

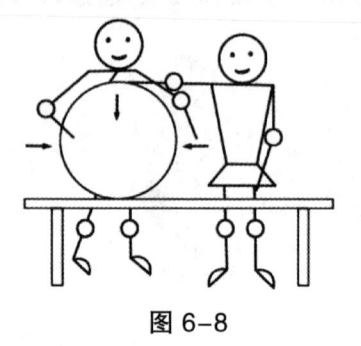

图 6-8

(2)反应起跳

地上画一个圆,圈外两人分开站,练习者在圈内圆心处手持竹竿向圈外人脚下划圆,圈外人迅速跳起避免被打中,若圈外人脚被竹竿打中,则与圈内持杆者互换位置继续练习(图6-9)。

图 6-9

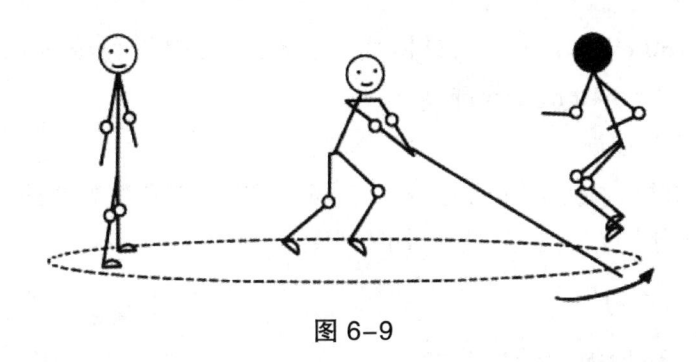

2. 动作速度

（1）横向飞鸟

两脚开立,双手在体前平举杠铃片,向两侧打开手臂直至最大限度,然后还原,反复练习。

（2）双杠快速臂撑起

双手抓双杠,身体悬垂,屈肩、屈肘,身体下移,然后臂部发力再次将身体撑起,反复练习。

3. 位移速度

（1）踮步折叠腿大步走

按照短跑的方式充分摆臂大步走,摆动腿充分弯曲,后蹬腿要加上踮步动作。

（2）弓箭步纵跳

弓箭步准备,垂直起跳,落地还原,反复练习。双腿交替练习。

（三）耐力训练

1. 有氧耐力

（1）匀速持续跑

跑的负荷量尽可能多,运动时间大于 1 小时。心率为 150 次/分钟左右。

（2）间歇跑

运动负荷量较小,每次持续时间不长。负荷强度较大,心率

170～180次/分钟。在身体尚未完全恢复时进行下一次练习，心率120～140次/分钟。

（3）变速跑

运动负荷强度由低到高，心率在130～150次/分钟、170～180次/分钟左右。持续半小时以上。

2. 无氧耐力

（1）高抬腿跑转加速跑

行进间高抬腿跑20米，再加速跑80米。运动强度80%～85%，重复练习5～8次，间歇时间为2～4分钟。

（2）原地或行进间间歇车轮跑

原地或行进间车轮跑，每组50～70次，重复练习6～8组，组间间歇时间为2～4分钟。

（3）间歇后蹬跑

行进间后蹬跑，运动强度为80%，每组30～40次，重复练习6～8组，组间间歇2～3分钟。

（四）柔韧训练

1. 颈部、肩部和臂部柔韧训练

（1）仰卧前拉头

屈膝仰卧，双手在头后交叉。呼气，向胸部方向拉头，还原，反复练习。

（2）背后拉毛巾

站立，一臂肘关节在头侧，另一臂肘关节在腰背部。吸气，双手握一条毛巾互相靠近。两臂交替练习。

2. 髋部、臀部和躯干柔韧训练

（1）台上侧卧拉引

侧卧在台子边缘，伸展双腿。呼气，上部腿直膝分腿后移，悬在空中。两腿交替练习。

（2）跪立背弓

在垫上跪立，脚尖向后。双手扶在臀上部，形成背弓，臀部肌肉收缩送髋。呼气，加大背弓，头后仰，双手逐渐向脚跟滑动。重复练习。

（3）站立伸背

两脚开立，俯身至与地面平行，双手扶在栏杆上，四肢伸直，屈髋。呼气，下压上体，使背部下凹形成背弓，逐渐还原，反复练习。

3. 腿部柔韧训练

（1）单脚跪拉

跪姿，脚趾向后，坐在脚跟上，双手支撑在地面。一脚平放向前缓慢移动，呼气，膝关节下压并移向脚趾前。左右腿交替练习。

（2）坐压腿

坐在地面上，双腿分开，一腿屈膝，脚跟与伸展腿的内侧接触。呼气，上体前倾与伸展腿的大腿上部贴近。两腿交替练习。

（五）灵敏训练

1. 排头捉排尾

练习者排成单行，用手将前面同伴的腰抓住；听到"开始"口令后，排头努力捉排尾，后半部分人要努力保护排尾，这有助于促进练习者身体灵活性和奔跑能力的提高。

2. 形影不离

两人一组，并肩而立。右侧练习者自由变换位置和方向，左侧练习者及时跟进，二者的相对位置不变，旨在培养练习者的反应能力和灵敏性。

3. 跳山羊接力

把练习者分成两组，每组人数相等，两组练习者分别站在与山羊间隔5米的起跑线上；听到"开始"口令后，每组排头采用助跑的形式分腿跳过山羊,落地转体180°,再从山羊底下钻出跑回,与本组第二人击掌,第二人按照同样的方法练习,旨在培养练习者的灵巧性。

三、大学生体能训练计划安排指导

在大学生体能教学与训练中,科学制订计划,并严格按照计划实施教学与训练工作,能够促进体能训练的有序开展,提高训练效率及实际效果。

（一）大学生体能训练计划的制订原则

1. 针对性原则

体能教师要针对大学生的体能情况制订体能训练计划,而且要明确在不同训练阶段有哪些训练的要点,哪些是重点训练内容,哪些是次重点,哪些内容难度较大,等等,只有明确了这几点,才能保证训练的针对性,减少训练的盲目性,在训练中少走弯路,提高效率。

2. 合理安排负荷原则

在体能训练中,运动负荷的安排是否科学、合理,将直接影响训练效果,要提高训练效果,就要重视对运动负荷的合理安排,对运动负荷的调整要由小到大,要有规律,要考虑练习者的个人身体情况,既要保证训练效果,又要保障练习者的安全。

3. 渐进性原则

通过体能训练而提高身体素质本身就是一个循序渐进的过程,不能为了快速出成绩,马上看到效果就一次安排大量的训练内容,或在训练初期就挑战难度很高的训练内容,这样反而会适得其反,而且容易造成运动伤病。因此,在体能训练中必须坚持渐进性原则,体能教师要在训练计划中充分体现出渐进性,逐步改善大学生的身体素质。

第六章 大学生体质健康教育与生理健康促进

(二)大学生体能训练计划的合理规划

在制订大学生体能训练计划的过程中,要做好规划工作,具体需要安排好以下几项内容,这也是体能训练计划的重要组成部分。

1. 确定训练目标

制订体能训练计划,首先要明确训练目标,也就是要明确地知道通过训练,要使大学生的身体素质达到什么样的水平,或要使大学生的运动能力达到什么水平,也可以直观地说要使大学生取得什么样的训练成绩。确定训练目标,首先要对训练的对象进行准确定位,即了解大学生的初始体能水平,根据定位来设定目标层次,为初始水平不同的大学生设定不同层次的训练目标,这样能够提高训练的合理性和大学生参训的积极性。

如果在不考虑大学生初始水平的情况下设定同一层次的训练目标,那么对体能基础好的学生来说这样的目标没有挑战性,很难激发他们的训练热情,而对体能基础差的学生来说有失公平,会打击他们的积极性。因此,设定不同层次的目标非常重要。

2. 确定训练频率

大学生有规律地参加体能训练,对提高训练效果十分有利,为增加训练的规律性,需对训练频率予以明确,包括训练总量与训练频次。不管是确定训练总量,还是确定每周的训练次数,都要从大学生的实际情况出发,避免不切实际一味求数量和求速度的训练。大学生的日常训练必须要体现出规律性,这样才能保证长期训练的规律性。有规律地进行训练还有助于根据大学生的身体素质变化情况及时调整训练计划,矫正体能训练中出现的问题。

3. 安排好训练负荷

在体能训练中,只有以合理的训练负荷去刺激机体,才能提高机体应对刺激的能力,提高机体的适应力与抵抗力,最终提高体能素质。如果训练负荷不合理,对机体不构成刺激或刺激性太强,都不利于达到预期的训练目的,甚至会损害机体健康。

需要注意的是,虽然运动负荷大一些更有助于提高训练效果,但增加运动负荷也要控制在一定范围内,要考虑受训者的一系列因素,不能盲目地无限加大负荷,否则就是对学生健康的不负责任。

4. 确定好运动量

运动总量是运动次数与运动时间的乘积,在体能训练的不同阶段安排的运动总量是不同的,要根据不同阶段的训练目标和大学生的体能状态而适度调整,运动总量安排合理,才更有利于促进训练效果的提高,也更有利于保障参与训练的大学生的安全。

5. 合理安排间歇时间

大学生参加体能训练,可能一个动作或一组动作要重复练习多次,在多次练习中涉及一个间歇时间的问题,当然,在不同单个动作及不同组动作的练习中也涉及这个问题。间歇时间的长短直接影响大学生完成下一次练习的质量和最后的恢复,因此,必须根据大学生的身体状态、练习动作的难度等因素来合理安排间歇时间,以提高训练效果,促进大学生身体机能恢复。

第四节 大学生健康形体塑造与康复训练

一、大学生健康形体塑造

(一)大学生健康形体塑造的基本训练方法

1. 颈部训练

(1)练习一

两脚开立,双手扶在腰侧。头颈部放松,头慢慢向左转;下巴到肩部时,控制 5 秒,还原(图 6-10);继续向右转。

一左一右为一次,反复练习 6～12 次。

(2)练习二

两脚开立,双手扶在腰侧。头先向左屈,向左沉一下后快速还原(图 6-11);然后继续向右屈。

一左一右为一次,反复练习 6～12 次。

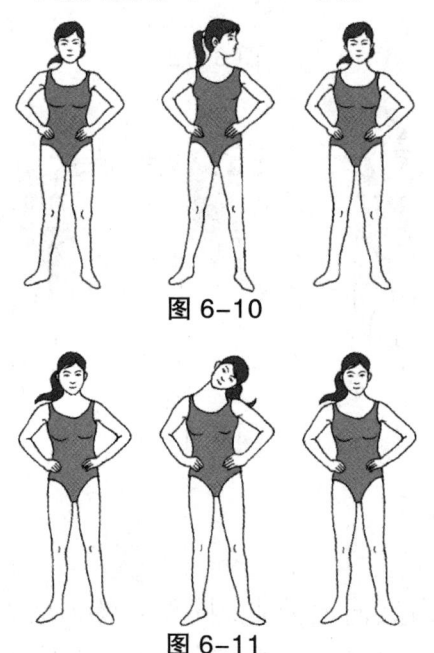

图 6-10

图 6-11

2. 胸部训练

(1)练习一

两脚开立,两手扶在腰侧。匀速挺胸,两肩外展;然后匀速含胸,两肩内合,胸廓内收(图 6-12)。

反复练习 25～30 次。

(2)练习二

两脚分开站立,两臂胸前平屈,掌心向下。屈臂振肩扩胸,还原(图 6-13);再直臂振肩扩胸,还原。

反复练习 20～25 次。

图 6-12

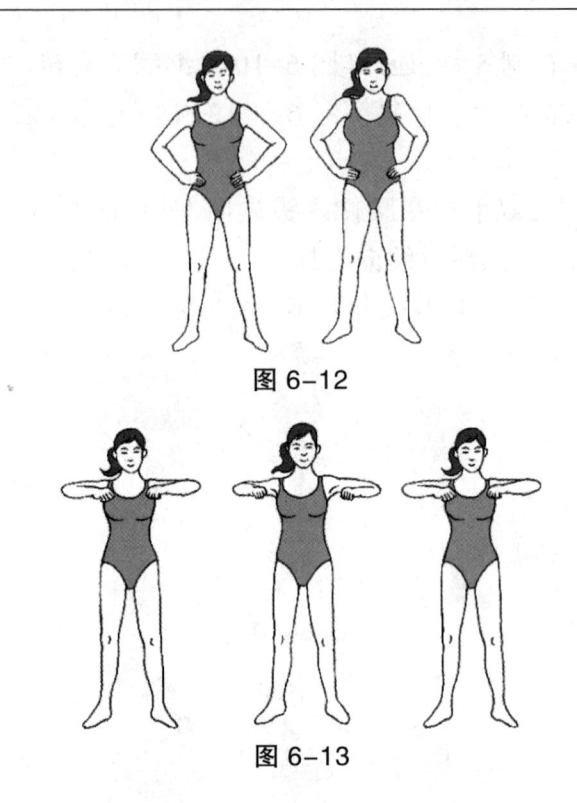

图 6-13

3. 腰背部训练

（1）练习一

俯卧，手臂向后向上伸直；同伴在练习者双腿两侧开立，双手拉紧练习者两手将其用力拉起，练习者上体离地最大程度反背弓（图 6-14）；然后同伴将练习者轻轻放回原位。两人互换练习。

反复练习 10～25 次。

（2）练习二

两脚并立，右手向上举，同伴站在练习者左侧，左手和右手分别将练习者的左手与右手拉住，右脚抵在练习者左脚处。练习者最大限度左侧屈体；同伴屈左膝，右腿伸直，双手将练习者双手拉住（图 6-15），控制 2～5 秒，还原；两人互换练习。

反复练习 10～15 次。

图 6-14

图 6-15

4. 腿部训练

（1）练习一

直角并腿坐，双手在体侧支撑，立腰挺胸，脚尖绷直。足背屈，足趾张开；足背伸，还原（图 6-16）。

反复练习 20～30 次。

（2）练习二

仰卧，一腿伸展垂直上举，另一腿屈膝点地。上举腿以踝关节为轴，在空中沿顺时针、逆时针方向依次划圆；还原（图 6-17）；两腿交替练习。

反复练习 10～15 次。

图 6-16

图 6-17

(二)大学生形体矫正

肌肉发育不平衡、骨骼变形等形体异常问题在大学生生长发育过程中对大学生造成了一定的困扰,给大学生身心健康带来了不利的影响,这些问题的出现和先天遗传基因、身体姿势不正确、长期营养不良等原因有关。有些大学生会因为形体异常而感到自卑,形体有缺陷的学生常常把自己封闭起来,害怕与同学交流,久而久之,这些学生的社交能力和社会适应能力也会受到影响,因此必须重视这个问题。大学生要在日常生活中保持正确的身体姿势,预防形体缺陷,有缺陷的学生要勇敢面对自己的问题,要主动采取有效的措施来加强干预,矫正形体缺陷,不要自暴自弃。

矫正形体缺陷,主要是为了使身体各部位看起来更健康,使主要肌群的线条更加优美,使身体比例趋于平衡、匀称,使身体各部位协调发展。大学生必须清楚一点,后天一些不良行为习惯很容易造成形体缺陷,所以要提高警惕,自觉养成良好的行为习惯,同时也要学会采用科学的方式来矫正自己的形体缺陷。下面主要分析溜肩与驼背的体育矫正方式。

溜肩是大学生群体中常见不良身体形态之一,对于这一身体缺陷,可通过锻炼三角肌来达到矫正的效果,这是经运动医学研

第六章 大学生体质健康教育与生理健康促进

究证明的一种非常有效的体育矫正方式。矫正方法为,双手抓握哑铃(轻杠铃),将哑铃平举于体前,手臂完全伸直,保持3秒左右的时间,再将哑铃举过头顶,手臂充分伸直,同样保持3秒左右,然后还原,重复练习10次,共练习2~3组。这一体育矫正方式可以使三角肌前部得到很好的锻炼。有圆肩、含胸等形体缺陷的大学生也可以采用这种方式达到矫正的效果。

大学生经常低头玩手机,在中学时期写作业也常常出现低头含胸的不正确身体姿势,时间久了,背部肌肉就会变得松弛而没有力量,最终造成驼背的身体缺陷。矫正驼背这一不良体态,首先要对正确的身体姿势进行培养,在日常生活中坐姿、站姿、行走姿势都要尽可能规范,在保持正确身体姿势的基础上再重点进行背部肌肉的力量练习和胸前韧带的牵拉练习。矫正驼背有一种非常简便易行的方式,具体做法为,靠墙立正站好,双腿夹紧,挺胸收腹,腰背挺直,臀部肌肉收紧,两边肩膀向后张并下沉,头用力向正上方顶,下颌回收,头、肩胛骨、臀和脚跟都尽可能紧贴墙,保持这个姿势8分钟左右,反复练习2~3次,坚持一段时间就能看到效果。

大学生矫正不良身体形态,也可以参加一些形体类运动项目,项目不同,功效也就不同。以瑜伽为例,这是一项典型的形体类有氧运动项目,大学生经常练习瑜伽,尤其是扭转式瑜伽,可以使背部与脊柱肌肉得到充分放松,使髋关节和腰部肌肉僵硬的症状得到缓解,对体态不正有预防和矫正功效。在具体的练习过程中,姿势要正确、动作要规范,要点为双脚开立同肩宽,吸气,两臂向身体两侧展开平举。呼气,身体先向左转动到最大限度,保持片刻,吸气,还原,呼气,再向右转动到最大限度,保持片刻,吸气,还原。反复进行向左右两侧转动到极致的练习,直到身体稍微发热后休息。

有些大学生,尤其是女大学生,为了矫正身体缺陷,拥有与保持优美的形体,会通过花钱消费的方式参加专业机构的培训。专业机构的矫正器材相对更丰富、标准,也有专业人士根据消费者的实际情况而制定个性化矫正方案,所以矫正效果往往比较好。需要注意的是,大学生在消费前要事先了解机构的专业性与权威性,了解市场情况,尽可能选择口碑好的机构,不要因为价格便宜而选择一些不规范的小机构,否则不仅达不到好的矫正效果,还会影响身心健康,浪费钱财。

二、大学生康复训练方法

(一)医疗体操

1. 主动运动

主动运动指的是患者自己主动进行的,通过收缩一定肌群而完成的运动。患者既可进行单关节运动,又可进行多关节联合运动,既可进行单方向运动,又可向不同方向以不同的速度、幅度进行运动。

2. 矫正运动

矫正运动是矫正身体畸形的运动,有些医疗体操是专门针对畸形而编排的,如腿足畸形矫正操、脊柱畸形矫正操等。患者要根据自己身体缺陷的部位与缺陷程度选择矫正方式,通过矫正运动增强肌肉力量。

(二)康复按摩法

按摩又称"推拿",主要是通过手、足或器械在人体某部位进行各种手法操作,刺激机体部位或穴位,以改善人体生理功能,缓解疲劳及防治疾病。下面简单介绍几种康复按摩的手法。

1. 擦摩

以掌根擦摩为例,腕关节稍背伸,手掌或掌根在按摩部位往返重复摩动。

2. 推摩

以拇指推摩为例,双手拇指指腹贴在皮肤上向一定方向推动,其余手指分开助力。

3. 揉

以掌揉法为例,手掌、掌根、大小鱼际在皮肤上做圆形揉动。手掌始终贴在皮肤上。

4. 揉捏

拇指与其余四指分开且相对,手呈钳形,掌心和手指贴在皮肤上边揉边捏,沿向心方向做旋转式移动,并有节律地提放肌肉。

5. 抖动

以肢体抖动为例,双手将肢体末端握住,左右或上下快速抖动,速度由慢而快,再由快而慢,振幅不宜太大。

6. 运拉

以肩关节运拉为例,一手握肘部,另一手按在肩上,做肩关节的屈与伸、内收与外展、内旋与外旋等活动。

第七章　大学生体质健康教育与心理健康促进

体育教学的一个重要目标就是提高学生的身体素质,不仅如此,通过体育教学,学生在参加各种体育活动中还能有效发展自己的心理素质,促进自身全面的发展。由此可见,体育教学与体质健康、心理健康等有着极为密切的联系,本章就对此进行细致的研究与分析。

第一节　体育健身的心理学基础

一、体育健身运动中的心理过程

(一)感知过程

1. 运动与感觉系统

(1)动觉

根据运动心理学理论,动觉这一感觉负责将身体运动的信息传输给大脑,使机体对身体各部位的位置和运动有所知觉。动觉主要包括肌觉、腱觉、关节觉和平衡觉这四部分。当身体参与活动时,肌肉与肌腱的扩张与收缩,以及关节之间的压迫,都能够产生刺激并引起神经冲动,传入中枢神经系统而引起动觉。这就是人体动觉形成的基本原理。

(2)视觉

视觉在体育运动中有着非常重要的作用,因为无论是运动者自身参与体育运动锻炼还是与同伴进行动作配合都离不开视觉的帮助。离开了视觉的帮助，体育运动就难以顺利地进行。

（3）听觉

听觉刺激能在一定程度上诱发动觉中枢的兴奋，使人产生强烈的节奏感，引发听觉和动觉的联合知觉，这种联合知觉有助于运动者学习新的技术动作，感知新的技术动作，提升动作水平。

（4）触压觉

一般来说，触压觉主要分为触觉和压觉两种。触觉是指因外界因素刺激接触皮肤表面造成皮肤的轻微变形而引起的感觉，压觉则是指使皮肤明显变形而引起的感觉。良好的触压觉可以说是运动者掌握正确动作的重要基础。如果没有良好的触压觉，运动者甚至都难以顺利完成正确的技术动作。

体育健身运动过程是运动者对不同技术动作的学习和练习过程，这一过程需要运动者多个感觉器官的共同参与。

2. 运动与知觉系统

（1）空间知觉

空间知觉主要包括方向知觉和距离知觉两种形式，通过这一知觉，人们能感受到自己所处的位置。

（2）时间知觉

时间知觉是指人们对时间长短、快慢、节奏和先后次序关系的反映，时间知觉能够揭示出客观事物运动和变化的延续性和顺序性，能帮助运动者在参加体育锻炼的过程中准确把握时间顺序。

（3）运动知觉

运动知觉是一种由许多感觉要素构成的复杂知觉，其形式主要有重力感觉、速度感觉、肌肉感觉等几种。人脑对外界事物的运动状态的反映被称为"客体运动知觉"，人脑对自身运动状态的反映则被称作"主体运动知觉"。这两种运动知觉在个体的体育健身运动中各有其独特作用。在技术学练中，良好的运动知觉有助于运动者把握正确的动作要领以及动作时间、空间变化,可促进运动者运动技术水平的提高。

人们在参加体育运动锻炼的过程中,其运动技术是以运动操作为基础实现的,而准确、协调的运动操作,是以高度分化的运动知觉为基础的。因此,精确分化的运动知觉在运动技术练习中扮演着至关重要的角色,加强运动知觉练习尤为必要。

(二)记忆过程

人们参加任何活动都离不开记忆,无论是生活中的各项行为还是参加体育运动锻炼,记忆都在其中发挥着重要的作用。可以说,人的每一个举动都与运动记忆有着直接的关系。运动记忆与人体的肌肉活动密切相关,因此,它和形象记忆、情绪记忆等有明显的区别。

一般来说,人的记忆主要有短时运动记忆与长时运动记忆两种形式。短时运动记忆是指在对一个动作的练习停止后,其遗忘的速率会随着时间的变化而变化,遗忘的进程先快后慢,但其记忆的内容并不会全部忘记。而长时运动记忆是指学习一项运动技能后,在熟练掌握后能够记忆相当长的一段时间。这一种记忆形式有利于运动者建立和形成良好的动作自动化,对于提高运动技术水平具有重要的意义。

运动表象主要分为内部表象与外部表象两种形式。内部表象是指以内部直觉为基础,以内心体验的方式感受自己的运动操作活动,其实质是动觉表象或者肌肉运动表象;外部表象是指表象时可从其他人的角度看到其表象的内容,其实质是视觉表象,并没有感受到身体内部的变化。综合来看,内部表象时的肌肉活动非常频繁,通常要高于外部表象。

人们在参加体育运动锻炼的过程中,动作记忆并不是在头脑中简单地复制动作,而是一个对动作表象进行信息加工并储存的过程。大脑是一个十分复杂的生理器官,可以实现对个体所接收到的各类信息的加工和整理,对个体来讲,在短时间单纯依靠记

第七章　大学生体质健康教育与心理健康促进

忆是很难准确地记住大量内容的,这时就需要在大脑中进行某种组合加工,将学习内容储入短时记忆,这是个体在体育运动中学习动作的重要基础。

在体育运动锻炼中,个体的记忆过程非常重要,作为运动锻炼的参与者一定要学习相关方面的知识,充分认识到个体记忆的重要性,在平时的学习中注意加强这方面的练习。

(三)思维过程

思维可以说是人的大脑对事物本质属性和内部规律的充分反映,人的思维活动是抽象的,是看不见摸不着的,它能舍弃事物的具体形象、外貌、解剖构造等非本质待征,而把事物的本质特征概括出来。人具有一定的思维,这是人与动物的重要区别之一。人是能够制造、生产、使用工具,进行社会生产活动,具有语言、思想意识和高级感情的动物。良好的思维能力表现为个体在面临问题时能够做出迅速反应,并根据情况的变化能做出及时的调整,即思维的敏捷性和灵活性。

运动者在参加体育运动锻炼的过程中,其操作思维能有效反映肌肉动作和操作对象的相互关系,因此,运动者对运动技能的掌握以及表现都离不开发达的操作思维。正是由于思维的存在,运动者才能顺利地完成各种技术动作。

(四)意志过程

一般来说,意志是指人为了实现确定的目的而支配自己行为,并在运动时自觉克服困难的心理过程,是在行动的各个阶段所表现出的稳定的行为特征。意志是在认识的基础上,在情感的激励下产生的一种心理活动,它对于运动者提高运动水平或体育成绩具有重要的推动作用,属于一种无形的力量。在某种特殊情形下,这种无形的力量甚至起着决定性作用。

二、运动者体育健身动机的培养

人们在参加体育健身的过程中,心理因素扮演着重要的角色,在某些特殊条件下,心理因素的影响甚至要大于生理因素,因此,我们不得不重视运动者心理能力的培养和提高。在运动者的心理素质中,运动动机占据着重要的地位,明确运动动机对于运动者的健身锻炼具有重要的意义。

(一)动机的概念与分类

1. 运动动机的概念

运动动机是个体的内在过程,具体是指推动个体从事各种运动的心理及内部动力。

2. 运动动机的分类

根据不同的分类标准,可以将运动动机分为以下两类:

(1)根据动机来源分类

根据运动动机的来源分类,可以将动机分为内部动机和外部动机两种。内部动机是以生物性需要为基础,如在运动过程中体验到强烈的满足感的动机。内部动机能够从内部驱动运动者的运动行为,对人起到激发作用,其行为的动力就是运动者内部的自我动员。外部动机是通过参与运动而获得奖励来满足自身社会性需要的动机,其行为的动力来自外部的动员力量。

总体来看,运动者的内部动机与外部动机之间是相互影响、相互促进的关系,一方发生变化都会导致另一方发生变化。

(2)根据兴趣分类

根据兴趣分类,可以将个体的动机分为直接动机和间接动机两种。直接动机是指以直接兴趣为基础,指向运动本身的动机。在这一动机的影响下,运动者仅仅对运动项目本身感兴趣,通过参加运动锻炼能使自己获得极大的满足。间接动机则是指以间

第七章　大学生体质健康教育与心理健康促进

接兴趣为基础,指向活动的结果的动机。如提高运动水平的动机、获得运动成绩的动机、增强彼此间交流的动机等。

（二）体育健身动机的培养

大量的实践充分表明,体育运动健身是一个长期的过程,人体素质在短时间内是难以获得有效提高的,要坚持不懈地参加体育锻炼。在不同的健身阶段,需要不同的方式和方法来培养运动者的动机,只有明确良好的动机,运动者才能朝着既定的目标坚持锻炼下去。

运动者在参加健身锻炼的初期,大部分是满足自身乐趣的需要。参与体育健身运动,运动乐趣性和艰苦性兼而有之,如果运动过程非常枯燥,就会导致运动者失去运动乐趣,导致其运动动机的下降。因此,在体育健身运动初期,一定要合理选择训练内容,科学安排训练时间和负荷,选择对运动者比较有吸引力的运动内容和项目。

经过一段时间的运动锻炼后,运动者就会感到枯燥,从而会对运动锻炼有所懈怠,健身运动机会不断减弱,这时,可以通过强化手段培养动机。正确使用强化手段可以激发外部动机,同时对内部动机也是非常好的培养。但如果运用不得当,强化手段可能又会对内部动机和外部动机造成破坏。通常强化的效果要强于惩罚的方法,但适当的时候也要运用惩罚的手段。

除此之外,运动者还可以采取各种手段与方法不断调整自己的动机,以将动机引入到正确的轨道上来。运动者如果能够学会自己制订训练计划那么可能使训练计划变得更加完善。因为,运动者往往对自身的各种情况更加了解。运动者应树立良好的心态,正确看待体育健身运动,只有这样才能促进运动水平的提高,实现既定的运动锻炼目标。

三、运动者参与健身的心理影响因素

在体育健身运动中,运动者会受多种心理因素的影响,如心理定向、思维能力、想象力、认知能力、注意力、情绪、意志、精神活动特点与个性特征等。下面重点分析其中的几种。

(一)心理定向

心理定向是指动作开始以前以及完成动作过程中心理的准备状态和注意的指向性。心理定向对于掌握和提高技术动作非常重要。心理定向能够造成诸多积极的综合反应,并且促进心理活动的调整。准确的心理定向能够帮助人的动作在内容、结构等方面调整得完全符合技术特点,这样运动时就能够及时地在头脑中设计完成动作的模式,并依据模式进行自身的全部行动。

据大量的调查与分析发现,健身项目、健身方式等的不同都会引起运动者不同的心理定向,而不同的心理定向则会对运动者的技术特点和风格形成重要的影响。运动者要充分认识到这一点,并在具体的实践中反复揣摩,力争形成良好的心理定向,这对于运动者正常发挥运动水平具有非常重要的意义。

(二)性格特征

性格也是影响运动者参加健身锻炼的一个重要因素。性格是个人对现实的稳定的态度和习惯化的行为方式,是个体个性的一个方面,是一种比较稳定的心理特点,但性格特征有其特殊的表现:首先,性格是现实世界在人脑的反映,个人对现实的稳固态度和采取某种行为方式都是一定思想意识和行为习惯的表现。其次,性格是一种比较稳定但又可变的倾向,它既是稳定的、一贯的又是可以发生变化的。例如,一个胆小、害怕改变的人经过运动训练后很有可能变成一个胆大、富于冒险精神的人。

第七章　大学生体质健康教育与心理健康促进

（三）情绪

大量的心理学研究与实践表明,情绪对个体动作技术的掌握具有重要的意义和作用,一般来说,良好的情绪可以起到"增力"作用,如明显地增强人的活动能力,使人体运动能力进一步提高等。而不良情绪的"减力"作用则是显而易见的,具体表现为精神不振、无精打采、心灰意冷、注意力不集中等。因此,情绪在运动者的体育健身运动过程中的影响作用很大。

体育运动锻炼的过程比较枯燥,长期的锻炼运动者就会失去原先的兴趣。如果运动者没有良好的耐心,情绪焦躁,就很难掌握好动作技能,而错误的动作练习对运动者的体育健身运动是不利的,不仅不利于运动者运动水平的提高,甚至还会导致其运动损伤。

（四）气质

气质是人的心理活动的稳定的动力特征。不同气质类型会有不同的行为表现。了解个体的气质类型,对其进行科学的运动训练具有重要意义。气质类型是个体进行运动的心理依据之一。不同气质的人的体育健身需求不同、健身选择也不同。

每一个人都是不同的,个体与个体之间的气质有着明显的差异。如一些人精力充沛、生机勃勃;另一些人则沉默寡言、比较冷静;一些人思维敏捷、善于适应;另一些人则反应迟钝、不善应变等。对于不同气质的人,应给予正确的引导,否则就有可能形成暴力、忧郁、自卑等不良心理。运动和人的气质有着重要的关系。一方面,运动能改善不良心理特征,起到一定的调节气质的作用;另一方面,不同气质类型的人适合不同的运动项目。如从事围棋的人大多沉稳、冷静,而从事乒乓球运动的人大都是性格开朗的人。气质对运动者参与运动锻炼也有着重要的影响。因此,运动者要十分注意自身运动气质的培养。

(五)认知能力

认知也是影响运动者参与运动锻炼的一个重要心理因素,可以说,人的认知能力和体育运动之间是相互影响、相互促进的关系。训练对人的认知能力有着非常重要的促进作用。健身者在运动过程中能够对外界物体作出迅速、准确的感知和判断,同时也能迅速感知和调整自己的身体,从而更好地完成动作。长期地参与运动训练能够使人变得灵活、敏锐,能有效提高人的思维能力和想象力。

大量的实践充分表明,经常参加体育运动锻炼能有效提高人的智力水平,也可以提高个人的记忆、注意、思维、反应和想象等能力,还可以稳定情绪,使性格开朗,延缓衰老等。反之,认知的提高对运动者的体育健身运动是十分有利的,这些非智力成分对于提高和发展人的智力水平有着非常重要的作用。因此,运动者和研究体育运动的专家对此要高度重视。

(六)注意力

注意力是人的心理活动的指向性和集中性。注意力持久的指向和集中于同一事物即为注意力的稳定性。注意力是个体心理活动对一定对象的选择性指向和集中,是个体的一种心理状态。大量的研究与实践表明,长期参加体育运动锻炼,能够逐渐改善运动者的身体素质,同时能使大脑细胞更加柔韧,细胞之间的相互联系也更加紧密。大脑细胞之间的联系越紧密,对于运动者接受新的体育健身运动知识和技能知识的速度加快具有重要的帮助作用。同时,进行系统的体育健身运动还有助于改善过度训练对机体产生的巨大压力感,有助于运动者放松身心、缓解紧张情绪,以更好的姿态投入到训练之中。

(七)意志

意志也是影响运动者参与运动锻炼的重要因素之一。意志与行动之间有着非常密切的联系,它是人为了实现既定目标而支配自己的行动,并且在行动时自觉克服困难的一个心理过程。

一般来说,整个运动训练过程比较枯燥,需要运动者长期坚持才能实现既定的目标。而要想实现这一目标,运动者必须具备良好的意志品质,这是非常重要的。

(1)对于身体素质较差的学生而言,一些比较复杂的技术动作,他们通常难以完成,久而久之就会产生一定的畏惧心理,而坚定的意志则有助于其克服这种困难,顺利完成技术动作。

(2)运动者参与运动锻炼的过程中,机体肌肉时常会处于非常高的紧张程度之下,并且需要完成各种不同难度的动作,此时意志就会发生关键的作用。

(3)运动者参与运动锻炼需要保持高度的注意力,在意志努力作用下,克服外部和内部刺激的不良影响,实现运动锻炼的目标。

(4)健身者在参加运动锻炼的过程中,受机体运动的影响,容易导致运动疲劳或运动损伤,从而产生消极情绪,而良好的意志则能帮助运动者改善这一心理并坚持进行健身练习,从而实现健身的效果。

第二节 体育健身对大学生心理健康的积极影响

经常参加体育健身不仅能有效增强人的体质,而且还能有效提升人的心理品质。由此可见,体育健身对于大学生的心理健康具有重要的影响和作用。这些影响主要体现在以下几个方面:

一、有助于发展智力

大学生经常参加体育运动锻炼能有效提升自己的智力水平,这已是被大量的实践证明了的事实。体育锻炼对人的智力的促进主要体现在以下三个方面:

(一)促进神经系统功能的增强

(1)无论是在学校体育教学中,还是业余活动中,大学生要养成积极参加体育锻炼的习惯。通过参与体育运动锻炼,学生神经系统的功能将会大大增强,主要反映在其大脑的兴奋和抑制过程会变得比以前更集中,面对刺激大学生能够迅速而准确地做出各种反应,长此以往就会促进智力水平的提高。

(2)与人的左脑相比,右脑在信息容量、形象思维能力等方面的表现要更好,大学生经常参加体育运动锻炼能很好地锻炼自己的右脑,充分发挥右脑在容量与能力等方面的优势,从而促进智力发展。

(3)大学生在参加体育运动锻炼的过程中,能促进自身血液循环的畅通,进而提升呼吸系统功能,在这样的情况下,机体能将大量的养分提供给大脑,从而促进人的思维、想象力等的发展。

(二)使应激反应减缓,促进脑力工作效率的提高

对刺激产生的各种反应就是应激,一个人出现应激反应的基本条件是,其自我认知能力和自身所感知的环境要求之间处于一定的失衡状态。在具体的体育教学实践中,学生通过参加各种各样的体育活动,能在一定程度上减缓应激反应,但只有经常参与才有这样的效果。一般情况下,一个人的血压和心率会受到肾上腺素受体数目或敏感性的影响,因此,其生理也就会受到特定的应激源的影响。经常参加体育运动锻炼对人体产生的这一影响将更加明显。一般情况下,当一个人处于静止状态时,容易在生理上产生应激反应,而经常参加体育运动锻炼能够促使其生理应激反应的减少,而且发生应激反应后恢复的速度也会很快。

(三)一定程度上能够使疲劳得以消除

一般来说,人的生理与心理都会在一定程度上导致运动疲

劳,这属于一种综合症状。如果一个人参与一些活动的态度是被动消极的,或者所从事的工作超出了自己的能力范围,这时,其在心理与生理上都会出现一定的疲劳症状。人的大脑皮层能够对自身的随意活动进行调节,学生在学习体育之外的其他学科时,大都是学习一些理论文化知识,这时其大脑皮层的有关区域所处的状态是高度兴奋的,学习时间越长,保护性抑制就越容易出现于大脑中,一旦出现这一状况,学生的学习效率就会受到很大的影响,学习成绩就会下降。

体育是一门以身体运动为主的学科,不仅涉及理论知识,而且还包括更多的实践技能,可以说是人体脑力与体力活动的结合。通过参加体育活动,人的运动神经中枢会处于兴奋的状态,与学习文化知识相关的中枢就有了交替的休息时间,非常有利于消除脑力疲劳。除此之外,经常参加体育运动锻炼,还能提升学生体质水平,帮助学生以良好的身体状态和精神状态投入到文化课学习之中。

二、有利于良好心情的保持

大学生参加体育运动锻炼,需要遵循一定的节奏和规律。人体在参加运动的过程中,上下肢需要协调配合,身体的各个部位全部参与其中才能完成锻炼。经常参加运动锻炼,人体肌肉紧张得到缓解,还能使人的神经得到舒缓,情绪得到缓和。学生在进行体育锻炼时,全身肌肉保持放松状态,精神受到极大的感染,可以说是处于愉悦的心理状态之中。因此,经常参加体育运动锻炼,不仅能增强体育锻炼的效果,还能使学生维持良好的心理水平,从而促进学生的健康成长与发展。

三、有利于紧张情绪的缓解

学生在平时的学习和生活中都会承受一定的压力,这是可想而知的,在这样的情况下,学生就需要一种摆脱压力、缓解情绪的手段,而体育锻炼就是这样一种有效的手段。大学生在参加体育锻炼的过程中能保持轻松愉快的心情,同时还有利于缓解紧张情绪,保持愉悦的心情。据研究发现,学生的大脑在体育锻炼的过程中会受到刺激从而促进"内啡肽"的分泌。"内啡肽"能够有利于疼痛的缓解,使紧张情绪得到调节,从而使人产生愉快的感觉,使学生始终保持兴奋的状态,从而以饱满的热情投入到学习和生活之中。

四、有利于培养学生坚强的意志力

众所周知,绝大部分的体育运动竞争都比较激烈,要求运动者不仅需要具备良好的技术和身体素质,同时还要有顽强的意志品质。只有具备良好的意志品质,才能克服身体机能下降造成的影响,在优劣势交替时要控制好强烈而鲜明的情绪等。由此可知,参与体育运动就是学生在参与的过程中克服各种困难来实现预期目标的一种意志过程,是考验学生勇敢、果断、顽强等意志品质的过程,实质上也是意志的较量。因此,经常参加体育运动锻炼,对培养大学生坚韧不拔、勇敢顽强的意志品质具有非常重要的作用和意义。

五、有助于改善人际关系

当前,社会竞争越来越激烈,人们的生活节奏和工作节奏也越来越快,在这样的环境下,很多人越来越喜欢将自己封闭起来,缺乏必要的交流与沟通,久而久之,人们之间的感情就会不断淡化,在社会上难以形成一个良好的社会氛围。在校园中,也是如此。学生埋头学习,如果没有一些特殊的活动,很难与其他同学进行接触与交流。体育教学能够将这种局面打破,不管学生在性别、年龄、地域、学习成绩、信仰等方面有多大的不同,一旦参与到体育课的学习中,他们就很容易接触、交流与互相学习,这时他们所营造出来的学习氛围是融洽、和谐的。学生通过体育学习,能

第七章　大学生体质健康教育与心理健康促进

增进彼此间的沟通与交流，从而提升自己的竞技水平。

大量的研究与实践表明，学生经常与外界进行沟通与交流，能有效地促进人的身心发展。学生在体育课上能够结识很多朋友，他们之间相互帮助，保持着一种良好的人际关系，这非常有利于学生保持旺盛的精力和积极的心态投入到学习和生活之中，从而促进自身的健康发展。

六、有助于确立良好的自我概念

自我概念是指一个人对自身各方面的综合评价，各种自我认识因素是影响学生自我概念形成的重要因素。目前，在现代社会经济水平日益提高的背景下，很多学生都出现了一些社会文明病，如肥胖症就是最为明显的一个，很多学生都对自己的体型与体态不满意，在这样的情形下，难以树立良好的自我概念。

通常情况下，学生的身体姿态在很大程度上影响着自身的气质与风度。因此，采取必要的手段和措施发展良好的身体姿态非常重要。经常参加体育运动锻炼，有利于学生身体中多余脂肪的消除，使人体的吸收与消耗处于平衡状态，有利于促进肌肉、骨骼以及关节的匀称生长与协调发展，从而改善学生的不良身体形态，促进优美身体姿态的形成与保持，由此可见经常参加体育运动锻炼的重要性。

经常参加体育运动锻炼还能塑造学生完美的体形。通过参加体育运动，尤其是练习力量型的动作，能够使学生的骨骼变得粗壮，增加肌肉围度，从而对学生天生的体形缺陷产生一定的弥补作用，使其身体匀称而健美。与此同时，经常参加体育运动锻炼还有利于加快体内新陈代谢的速度，消耗身体多余的脂肪，塑造大学生完美的体形。而在这样的情况下，学生通常能充满自信，做任何事情都显得胸有成竹。

除此之外，经常参加体育运动锻炼，大学生的生长发育进程还能不断加快，同时也可以矫正畸形的身体形态。学生拥有良好的身体姿态后,就会充满自信,从而建立良好的自我概念,这非常有利于大学生的未来发展。

七、锻炼有利于心理疾病的防治

在当前激烈的社会发展节奏下,人们面临着巨大的生活与竞争压力,这对人们的生理活动和精神状态都会造成重要的影响,在巨大的压力下,人们很容易产生一些心理疾病。在生理上,这些心理疾病主要表现为没有食欲、体质不断下降、有睡觉的欲望但总会失眠;在精神上,心理疾病主要表现为情绪低落、精神不振、没有自信、心理郁闷、经常处于急躁状态等。这些心理疾病的表现会影响人们的正常生活,学生产生这些心理疾病就会影响自己的学习生活。据现代科学研究表明,体育运动能够促进分泌出一种化学物质——"内啡肽"。这种化学物质能够有效预防上述心理疾病症状的发生。因此,经常参加体育运动锻炼,学生能感到心情愉悦,得到有效的放松,从而以饱满的精神状态投入到学习和生活之中。由此可见,体育运动锻炼对预防和治疗学生心理疾病具有重要的作用。

八、对学生良好个性的形成非常有利

随着现代社会的不断发展,学生的个性化发展也越来越受到重视。通常来说,遗传与社会环境两方面的因素直接影响到学生个性的形成与发展。充分认识到这一点,能帮助我们更好地采取各种手段与措施来发展学生的个性。学生绝大部分时间都在学校中度过,为促进学生个性的养成与发展,可以充分发挥体育教学的作用。在学校体育教学中,学生参与体育活动往往需要有身体的直接参与,而且体育活动有着很强的开放性,经常会发生时空的转化,学生之间的沟通与联系也很频繁,这对于学生运动效果的提高都是非常有利的。由此可见,相对于其他文化课程,体育活动对培养学生的个性具有更加明显的效果。不仅如此,经常

参加体育运动锻炼,还能培养大学生的自主性,培养良好的意志品质和正确的价值观。因此,一定要重视大学生日常的体育运动锻炼。

九、有利于学生竞争意识和协作精神的培养

在学校体育教学中,教学内容越来越丰富,深受热爱运动的大学生的欢迎和喜爱。其中,绝大部分的体育运动项目都是以竞争与对抗的形式开展的,符合学生的个性化发展的特点。在学校体育教学中,通常会举办一些体育比赛,如春季秋季运动会、越野赛跑以及各种单项体育比赛等,在这些比赛中,竞争与拼搏的精神贯穿其中,深深影响着每一名学生。学生参与体育运动锻炼或参加学校组织的各项体育竞赛,能有效增强自身的竞争意识,促进对自身团结合作精神的培养。

总之,体育运动锻炼能有效地提升学生的竞争能力,培养学生的集体主义精神。学校体育教学活动大部分是集体参与性的活动,这些活动都表现出激烈的竞争性和超强的集体配合性,学生参与其中不但能提高身体素质和运动心理水平,还能养成自觉遵循规则,与同伴团结协作、相互配合的习惯,这对于学生的全面发展具有非常重要的意义。

十、有利于学生德行修养的提高

通过参加各种各样的体育运动锻炼,学生的身体素质得到了提高,心理水平得到了有效的提升,除此之外,体育运动锻炼还有利于学生形成良好的品德和修养。学生的理想、信念等都会对其自身良好品德的形成造成一定的影响,有很强实践性特征的课程如体育课程也会对学生的德行修养产生影响。在学校教学中,应试教育长期处于统治地位,即使提出素质教育之后,一些学校依然以应试教育为主,尤其是在中小学中这种现象最为普遍。在应试教育的影响下,学生在思想品德与心理素质等方面接受的教育

就比较欠缺,因此,社会责任感缺乏、自私等一些不良的心理问题就很容易出现。而体育运动的竞争性与合作性非常强,学生在参与体育锻炼的过程中,需要相互配合才能完成任务。因此,通过体育教学,能有效培养学生的个性品质和道德修养。

第三节　大学生运动心理能力与素养培育

一、大学生心理健康标准

(一)身心感觉良好

大学生健身不仅包括身体健康,还包括心理健康,身心是统一在一起的。一般情况下,大学生的心理健康主要表现为旺盛的精力、身心愉悦、神清气爽、心理需求得到满足等几个方面。在现代社会快速发展的背景下,人们普遍面临着巨大的生活与工作压力,对于学生而言,则面临着一定的学业压力。因此,在平时的生活与学习中难免会出现一些负面情绪。在很长的一段时间里,自我心理感觉较差的人,一般心理都是不健康的,因为自我感觉良好是判定人的心理是否健康的一个重要标准。

(二)智力表现正常

智力对于一个人的发展而言至关重要,一个人对事物的认识能力和解决问题的能力通常都能通过智力反映出来。人的智力包括多个方面,这些方面的能力也是构成大学生智力结构的主要要素。但需要注意的是,仅仅依靠智力,人是无法取得成功的,它只是人获得成功的一个重要条件。要想获得成功,大学生还需要通过不断的努力,付出艰辛的劳动。人的智力开发与发展在一定程度上受到一些非智力因素的影响,这些非智力因素对人的健康成长与发展也起到非常重要的作用。

第七章　大学生体质健康教育与心理健康促进

（三）情绪积极稳定协调

通常情况下，人们对周围的事物或者发生的各种事件都有自己的态度，同时会产生一定的情绪反应，如喜、怒、哀、乐等。有时人的表现是积极乐观的，有时又是犹豫的，有时还会出现惊慌失措、急中生智等应激反应。正因如此，人们的生活才变得丰富多彩。

但需要注意的是，一个心理健康的人通常都能产生积极的情绪反应和情感体验，如愉快、满意、乐观等都是这种情绪的具体体现。同时，受客观因素的影响，人也会表现出忧、愁、悲等消极情绪，但持续的时间不会太长。对于具备良好心理素质的大学生，要合理地控制自己的情绪，做到胜不骄、败不馁，喜不狂、忧不绝，不要过分追求自己无法得到的东西，在社会允许的范围内使自己的需要得到满足。在平时的生活和学习中，如果学生出现一些不适的情感反映，就说明学生的心理是不健康的，需要进行必要的调整。

（四）价值观和人生观与社会主导基本一致

大学生在成长与发展的过程中，一定要培养良好的人生观、世界观和价值观，这是对学生最为基本的要求。所有的人对于人生意义和生活都有自己的追求和看法。一个时常持有消极态度的人，通常难以具备健全的心理素质。总的来说，健康的人生观应是符合社会公认道德取向的价值观，并且符合社会道德取向，形成自己的人生准则，以达观、向上的态度对待人生，以热诚、积极的态度对待生活，乐于扶危济困，敢于扬善惩恶。

（五）自我意识健康

作为一名大学生，一定要正确认识自己，主要包括以下几个方面：认识到自己的机体状态、行为表现，了解自己的气质和能力；了解自己的学业成就能否与志向水平相切合；尊重自己、悦纳自己和关心自己,充满自信;客观认识自己的优点和缺点,无论面对什么情况都能泰然处之,不过于自暴自弃、自责。

(六)人格和谐健全

作为一名大学生,还要有健全的人格,这是非常重要的一方面。这突出表现在,大学生具有积极的进取心,面对任何事情都保持乐观的心态。具体而言,主要表现在以下几个方面:

(1)多情而不滥情。
(2)理智而不冷漠。
(3)豪放而不粗鲁。
(4)活泼而不轻浮。
(5)勇敢而不鲁莽。
(6)坚定而不固执。
(7)谨慎而不胆怯。
(8)稳重而不寡断。
(9)老练而不世故。
(10)自谦而不自卑。
(11)自信而不自负。
(12)自爱而不自恋。
(13)自尊而不自骄。

除此之外,大学生在遇到一定的困难和挫折时,通常都能够采取合理的反应方式来解决问题,这也是大学生所应具备的一个良好心态。

(七)人际关系良好

对于大学生而言,无论在生活还是学习中都会与他人发生密切的联系,因此一定要建立一个良好的人际关系,这对于学生的学习和锻炼非常有好处。这需要做到以下几点:

(1)乐于同人交往,提高自己的沟通能力,建立一个能有效沟通的运动体系。

（2）不断完善自己和发展自己，悦纳别人，取人之长，充实自己。

（3）接受良好的价值观、人生观教育，建立良好的学习动机。

（4）富有同情心和友爱心，尊重他人，信任他人。

（5）良好的团队合作意识，能客观认识自己，充分表达自己的想法。

（6）具有独立自主的能力和意识，能听取他人的意见和建议。

（7）与异性同学交往，保持热情和理智，加强彼此间的沟通与交流，相互交流彼此的看法和见解。

二、大学生心理健康培育

（一）大学生心理健康培育的原则

1. 目标性原则

在学校教育中，加强大学生的心理健康教育是非常有必要的。进行大学生心理健康教育的主要目的在于促进学生的全面发展。大学生心理健康教育的主要内容包括人生观与价值观教育、人格培养、意志力培养、潜能开发等。在具体的教学过程中，要安排必要的心理测验、咨询辅导等活动，为学生的心理健康提供重要的保障，从而实现学生心理健康教育的目标。

2. 系统性原则

大学生心理健康教育可以说是针对大学生实施的一项系统工程，在学校教育中占据着重要的地位，有利于学校教育的不断发展。要想实现大学生心理健康教育的目标，无论是教师还是管理者，还是学生必须更新教育观念，优化心理健康教育的环境，建立方式多元和层次清晰的育人体制。

3. 主体性原则

对学生进行心理健康教育，还需要坚持以人为本的基本原则,即坚持以学生为主体的主体性原则。这一原则要求体育教师在教学过程中采取各种措施和手段激发学生学习的积极性,帮助学生加强彼此间的沟通与交流,充分认识和把握学生的各种心理需要,让学生较早树立心理健康意识,主动参与各种心理健康教育活动,从而实现心理健康教育的目标。

4. 差异性原则

在开展心理健康教育的过程中,教师还要关注不同学生的个体差异,对其进行不同形式的教育和辅导,从而提升大学生的心理健康水平。在具体的教学实践中,体育教师还要以学生心理发展特点和规律为依据制定心理健康教育方案,实施有差别化的教育。

5. 活动性原则

在具体的心理健康教育过程中,体育教师要讲究一定的方式和方法,避免呆滞死板、抽象说教,要以学生的特点和具体教学实际为依据,对学生进行渗透性的心理健康教育,逐步提高学生的心理素质。

6. 发展性原则

任何事物都是处于不断地发展和变化之中的,同样,大学生的人格也在不断充实与完善,整体素质也在不断提高。因此,学校要与时俱进,采取多样化的手段与措施对学生实施心理健康教育,促进学生的心理健康发展。

(二)大学生心理素质培养的方法

经常参加体育锻炼能有效提升学生的心理品质,这是已经被大量实践所证明的事实。除此之外,一些特殊的心理方法也能有效提升学生的心理素质。作为一名体育教师,可以采用以下心理方法来提高学生的心理素质:

1. 表象训练法

表象训练可以说是最为常见的心理技能训练方法之一，主要是指运动员有意识地在头脑中再现或完善动作或运动情境，从而建立和巩固正确动作的动力定型、提高运动技能、增强心理调控能力的过程。

（1）表象训练的主要原理

①心理神经肌肉理论。这一理论认为，大脑运动中枢和骨骼肌之间存在着双向神经联系，机体在进行动作表象时会引起相应的运动中枢的兴奋，兴奋也能引起相应肌肉的活动。因此，基于神经——肌肉运动，多次激发来加深记忆和强化心理图式，可以通过表象训练法来不断提高运动者的身体素质和运动技能。

②符号学习理论。这一理论强调表象训练是运动员在大脑中建立活动图式，并将活动进程进行符号编码以形成程序的过程。因此，运动者参加运动锻炼，就是反复熟悉运动程序，提高运动机能的一个过程。在这一过程中，运动者的综合素质会得到有效的提高。

（2）表象训练的程序

表象训练的程序主要包括以下几个部分：

①表象知识介绍：学生充分认识与了解表象训练的概念、特点与内涵，了解表象训练的重要功能和作用。

②表象能力测定：充分认识与了解运动者的表象能力并对其进行判定，然后确定运动者表象训练的主要任务。

③基础表象训练：提高运动者的感觉觉察能力和表象控制能力。

④针对性表象训练：结合运动专项进行训练，这样能取得理想的训练效果。

（3）表象训练的实施

运动者通过表象，在头脑中反复想象某种运动动作或情景、重现自己过去获得成功时的最佳表现，有利于运动者提高运动技能、增强自信心。

　　大量的理论与实践充分表明,通过表象训练可有效提高运动员的成绩,据一项调查发现,马拉松运动员运用表象训练法进行训练可在此前的基础上将成绩提高约3分钟。由此可见这一训练方法的有效性。

　　①基础表象训练的实施。这一训练是指利用记忆中的经验,创造出可控形象并对这些形象进行一定的操纵。例如,在无体育器材的情况下,徒手做篮球投篮练习,学生将注意力集中于各种技术动作上。

　　表象清晰性训练:要求运动者尽量充分利用自己所有的感觉体验,进行生动的表象训练。

　　表象控制力训练:提高训练者改变、操控和调节表象的能力。

　　②针对性表象训练的实施。在具体的训练中,运动者要善于突出专项运动的特点,展开有针对性的训练。一般情况下,可以根据运动对象的不同特点制定相应的表象训练程序,以有效提高表象训练的效果。

　　通常来说,针对性表象训练的时间不宜过长,要结合实际情况把握准确的度。以一名武术运动员的表象训练为例,阐述运动员表象训练的过程(表7-1)。

表7-1　武术专项表象训练

目的	熟悉成套动作
方法	(1)放松预备:习练者静坐,全身保持放松姿势。 (2)表象训练内容: ①想象自己着装得体,行为举止符合武术习练要求。 ②"看到"场地和观众,微笑,走到场地中央。 ③调整呼吸,起势,第一段重点组合做得极完美;第二段力点准确,动作稳健;第三段顺利完成;第四段干净利落,收势,向裁判示意,接受观众鼓掌并退场。
说明	放松准备中可以听音乐杜绝心理紧张现象

2. 放松训练法

　　放松训练是通过自我暗示的方法来改变运动者肌肉紧张度,

从而实现心理放松的一种训练方法。大量的研究与实践充分表明,人体大脑与骨骼肌之间有着密切的联系,人体肌肉越放松,则向大脑传递的冲动就越少,大脑的兴奋性就降低,因此人的心理紧张感就会减少。这就是放松训练的基本原理。

一般来说,放松训练法主要有渐进放松法和自生放松法两种形式。

(1)渐进放松法

渐进放松法是一种重要的心理训练方法,它指通过一定方法与程序使练习者放松肌肉,以达到心理放松的心理技能训练法。这一方法在各种运动的心理训练中都得到了广泛的利用。

在利用这一方法进行练习时,运动者应以放松的姿态坐在一张椅子上,然后进行身体局部肌肉先紧张后松弛的练习,最后再根据实际情况进行身体其他部位肌肉先紧张后松弛的练习。如瑜伽练习、普拉提练习等都是效果不错的练习方法。

(2)自生放松法

自生放松法由德国精神病学家舒尔茨创立,这一训练方法主要是通过指导语诱发练习者自身产生某种感觉体验,使其达到身心放松的一种心理训练方法。这一心理训练方法的内容见表7-2。

表7-2 自生放松练习内容及指导语

练习内容	指导语
沉重感练习	我的……(身体某一部位)非常沉重,感受身体的紧张感
温暖感练习	我的……(身体某一部位)非常温暖,感受身体部位(肌肉)的放松
呼吸调控练习	我的呼吸是舒缓的,由浅入深进行有节奏的呼吸
心跳调控练习	我的心跳是轻柔、缓慢的,能感受到心跳的节奏
额部调控练习	我的额部是凉爽的、放松的,能感受到舒适的感觉
腹部调控练习	我的腹部是温暖、舒适的,具有明显的放松感

3. 暗示训练法

暗示训练是指利用语言等刺激物对人的心理施加一定的影

响,并进而控制行为的过程。通过这一训练方法,运动者能很好地调节自己的认知、情感和意志,从而实现心理素质提高的目的。

（1）暗示训练的基本原理

大量的研究与实践表明,通过语词进行暗示训练,可以调节运动员中枢神经系统的兴奋水平,从而有效地调节运动者的情绪,促使运动者身体内部发生改变。例如,利用自我暗示法进行训练,"我在吃葡萄,很甜很甜"等,习练者就会感受到吃葡萄的心境,从而产生心理训练的效果。

（2）暗示训练的程序

①习练者理解语言对情感表达的作用和效果。
②找出习练者在训练中存在的消极想法。
③习练者如何认识这种消极想法。
④消除消极想法的积极暗示语。
⑤视具体情况不断重复相应的对策。
⑥通过反复的练习养成健康的心态。

（3）暗示训练的实施

大学生在进行训练的过程中,应深刻理解这一训练方法的内涵,然后找出消极想法和话语,并用其他积极的话语进行替代(表7-3)。

表 7-3　消极暗示语与积极暗示语

消极暗示语	积极暗示语
别紧张,别着急	放松心情,不要紧张
时间不多了,很难获得胜利了	还有机会,我们力争把握住
千万别踢飞了(足球比赛踢任意球)	放松,有节奏地助跑,适当发力
运气真差,分组形势不好	相信本队的实力
这次比赛我发挥不好了	只要我认真做动作,就能取得好的成绩
这场球千万别输在我手上	我一定能进球(足球)并获得胜利
这些观众真讨厌	观众在为我加油,期待我打(篮球)得更好

4. 模拟训练法

模拟训练是指在训练过程中,人为地设置某些对象、境况、环境等因素,让运动员在这种复杂的条件和环境下进行训练或比赛。模拟训练能够使运动员的心理发展与外界环境发生一定的适应性改变,在这一过程中,运动员在头脑中建立起合理的动力定型结构,从而使运动员的心理在真实比赛中保持一定的平衡。

在利用模拟训练进行习练的过程中,应根据运动项目特点以及习练者的身体状态等进行针对性的训练。一般来说,模拟训练的模拟对象、模拟内容、训练目的见表7-4。

表7-4 模拟训练分析

模拟对象	模拟内容	训练目的
对手	模拟对手的技术特点和风格	了解对手,适应对手的技术打法
比赛关键情境	模拟固定比赛情境(如足球罚点球)和动态比赛情境(比分领先、落后等形势)	帮助运动员克服比赛中的不良心理状态
裁判	裁判的错误判罚	培养运动员服从裁判判罚的能力;培养运动员控制情绪的能力
观众	观众对球队的支持和球场上的表现	培养运动员在正式比赛环境中比赛的能力
地理环境	气温、湿度、气压、风力、风向等	提高运动员适应不同地理环境的能力
时差	倒时差	提高运动员适应时差的能力

5. 合理情绪训练法

合理情绪训练是由美国心理学家阿尔伯特·艾利斯创立的,主要目的是帮助人们建立一定的生活哲学,减少情绪困扰与自我挫败,学会正确面对和处理困难。

合理情绪训练的原理是"ABC理论",在"ABC理论"模式中,A指诱发性事件;B指个体在遇到诱发事件后产生的信念(看法、解释和评价);C指个体的情绪及行为反应。该理论认为,人的情绪并非由某一事件引起,而是经历该事件的人的看法、解释和评价引起的。

合理情绪训练的训练程序具体如下：

（1）找出使当事人产生异常情绪（紧张）的诱发事件（A）。

（2）分析当事人对诱发事件的信念（B），研究这些信念与当事人异常情绪（C）之间的关系。帮助当事人认识异常情绪产生的原因。

（3）扩展当事人的思维，辩论、动摇并摒弃不合理信念。

（4）不合理信念或异常情绪的消除，当事人的思维更加合理、积极，最终摆脱困扰，改善情绪和行为反应。

第八章 大学生体质健康教育与社会性促进

通过开展大学生体质健康教育,培养大学生树立健康意识,养成积极参与体育健身锻炼的习惯,对促进大学生的身心健康发展有重要的帮助作用,同时,体育作为一种特殊的社会文化,大学生积极参与其中可促进大学生的社会性发展,体育健康教育也是促进大学生社会化的教育过程,有助于促进大学生的社会性相关能力的发展,为大学生毕业之后很好地适应社会与融入社会具有重要的帮助作用。本章重点就大学生体质健康教育的社会性发展与促进相关内容进行详细探讨。

第一节 体育健身的社会学基础

一、体育与社会的关系

(一)体育是一种社会文化

体育不仅是一种身体活动,更是一种文化现象,体育作为一种特殊的社会文化,体育文化在社会的发展中逐渐形成,并受到社会发展的影响(图8-1)。

从体育与社会诸要素的关系来看,社会政治、经济、文化的发展对体育的发展有着重要的影响,当前,我国的体育社会发展环境良好,体育及其文化的发展也呈现出蓬勃发展之态。

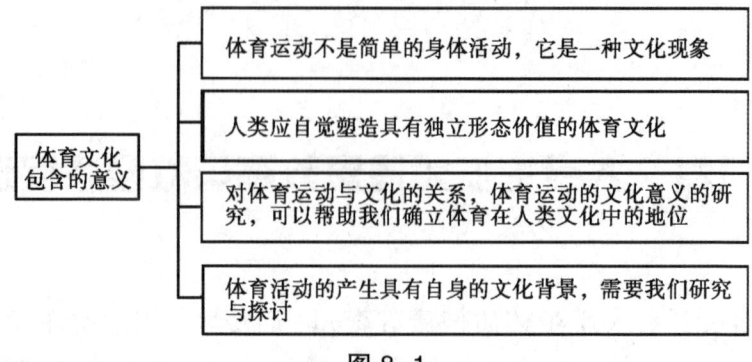

```
体育文化      ┌─ 体育运动不是简单的身体活动,它是一种文化现象
包含的意义 ───┼─ 人类应自觉塑造具有独立形态价值的体育文化
              ├─ 对体育运动与文化的关系,体育运动的文化意义的研
              │  究,可以帮助我们确立体育在人类文化中的地位
              └─ 体育活动的产生具有自身的文化背景,需要我们研究
                 与探讨
```

图 8-1

(二)体育文化具有社会性

文化的产生离不开人类社会的发展,文化是社会发展的产物,体育文化是人类体育运动的物质、制度、精神文化的总和,体育文化包括三个层次,即运动形式、体育体制和体育观念(图8-2)。

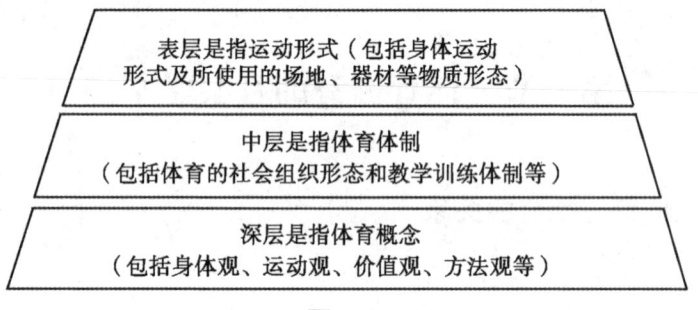

```
    表层是指运动形式(包括身体运动
    形式及所使用的场地、器材等物质形态)

      中层是指体育体制
    (包括体育的社会组织形态和教学训练体制等)

         深层是指体育概念
    (包括身体观、运动观、价值观、方法观等)
```

图 8-2

社会性(群众性)是体育文化客观存在的属性之一。具体来说,文化的产生、发展离不开社会大众,体育文化也不例外,体育活动的产生与发展离不开人类的生理和心理活动,体育的主体是"人",而且是"社会的人",社会人的共同生理和心理活动使得体育文化逐渐形成并具备了一定的精神层面的含义。

(三)社会因素对体育发展的影响

社会政治、经济、文化、科学技术与教育等各因素与体育的发展具有非常密切的关系,它们相互影响、相互制约、相互促进。

1. 政治与体育

政策的颁布会对体育发展有重要的影响,无论古今中外,当政者对体育及体育文化发展的态度会直接影响该国家和地区的体育事业的发展。

2. 经济与体育

经济的发展可以促进整个社会的物质财富的日益丰富与积累,人们生活水平不断提高,体育消费需求也会不断增长,因此,经济发展水平会在一定程度上较大地影响一个国家和地区的人民群众的体育参与热情、体育参与需求、体育事业的发展程度、体育产业的发展水平。21世纪以来,知识经济、网络经济、全球经济飞速发展,这为我国体育产业的发展提供了更多的经营管理思考,有助于进一步刺激体育消费,为体育产业发展注入新的经济发展动力。

当然也必须认识到,我国幅员辽阔,地区间经济发展的不平衡导致我国各地区之间的体育发展存在差距,我国目前正处在经济高速增长和体制转型时期,各地区的经济差距逐步扩大会对我国体育产生较大的影响和制约。

3. 文化与体育

整个社会的文化繁荣,能为体育文化的发展创造一个良好的社会文化环境,就我国来说,现阶段,我国大力推进精神文明建设,人们参与体育活动受到法律、法规的保护,良好的体育社会文化背景下,人民参与体育的热情和动机是良好的。

4. 科技与体育

科学技术的发展能为体育运动和体育事业的发展提供必要的技术支持,很多新的科学技术仪器和设备的发明应用于体育运动训练、体育赛事,都有利地促进了体育运动的发展。科技改变生活,在体育事业发展中也不例外。

5. 教育与体育

一个国家和地区的人民所接受的教育水平越高,该国家和地区的人们的体育意识与健康意识就越强,当前,我国学校体育教育、社会体育教育都与之前相比有了明显的进步,国家积极引导和推动社区体育工作的开展,构建全民健身服务体系、利用体育彩票公积金加强体育基础设施建设,使大众树立健康意识和健康消费观念等,为我国大众体育事业的发展奠定了良好的意识和思想观念基础。大众体育意识提高、体育健康观念的改善,是促进大众积极参与体育的根本动力。

(四)体育发展对社会发展的促进

1. 富国强民,增强国力

参与体育健身锻炼有助于运动者增强体质,提高运动能力和改善身心素质水平,对于个人的健康发展是极为有利的。而个体的健康对整个社会的健康发展是有益的,整个社会的生产力水平也会有很大的提高,人民群众能有更好的体力和精力去创造社会财富,这对于促进整个社会的进步来说具有非常重要的意义。国民体质水平的普遍提高,是国富民强的重要基础。

2. 体育可促进经济发展

(1)提高劳动者素质,促进生产

体育健身成为一种社会时尚,全民参与体育健身,可以提高国民体质,从事各种体育健身活动,能够获得娱人娱己的良好效果,活动的参加者和观赏者都能够获得精神上的享受,以及达到自我满足的心理平衡。因此,无论是参加还是观赏体育活动,都能够得到充分休息、振奋精神、愉悦身心、丰富文化生活、恢复劳动者身心能量的作用,从而使劳动者能够以更加充沛的精力和体力参与下一次的工作,有助于提高工作效率。

每一个人都是社会中的重要成员,是社会的建设者,国民体

第八章 大学生体质健康教育与社会性促进

质的提高就意味着劳动力的素质的提高,可以促进生产,发展经济。

(2)增强体育产业的经济贡献力

社会大众参与体育活动,在体育直接性参与、体验和观赏的过程中,大众的体育素养不断提高,体育意识不断增强、体育需求不断扩大,体育及体育文化产业逐渐成为我国第三产业的经济增长点,为许多地区经济的发展带来了生机与活力,推动着整个国民经济的快速发展。

就竞技体育来说,伴随着各种体育竞赛而出现的奖券、彩票、吉祥物、纪念品、电视转播费、商品广告费、体育器材等都具有特殊的商品经济价值,这些都在社会经济第三产业发展方面产生了非常重要的作用。一些重大赛事的举办还会给赛事主办城市和国家带来巨大的赛事收入,这种收入不仅体现在体育产业方面的发展,对其他相关产业,如餐饮、住宿、建筑、产品制造、旅游等都具有重要的带动发展作用。会涉及多方面的经济合作,能够产生明显的经济效益,对于举办城市经济的发展具有重要的推动作用。

就民族体育来说,我国民族传统体育不仅能丰富各地区各民族人民群众的日常健身娱乐生活,也是一种优秀的体育文化,民族传统体育资源作为一种极具吸引力、独特的文化资源,它所具有的健身价值、娱乐价值和观赏价值都能够对国内外游客产生非常巨大的吸引力,能吸引外地体育和文化爱好者参与体育旅游活动,这对我国少数民族地区的民族传统体育旅游资源的开发,第三产业经济的发展和服务能力的提高有重要的促进作用,依据"体育搭台,经济唱戏"发展思路,我国很多地区的体育经济都得到了很好的发展。

3.体育可丰富、传承与传播社会文化

体育与其他文化形态具有非常密切的关系,体育文化的繁荣可促进其他文化的发展。

从体育与舞蹈、音乐的关系来看,体育的起源中就孕育有舞蹈的内容,古代武舞是早期体育活动的一种重要发展形式,在体育的发展过程中,舞剑、舞刀等民间武艺表演配有富有激情的音乐,极具健身性与观赏性,备受百姓喜爱,更表现出体育与舞蹈、音乐的融合,时至今日,体育与舞蹈、与音乐也相互融合、共同发展,如体育舞蹈以舞蹈为表现形式,是一种体育活动,体育舞蹈、体育运动中,音乐是其重要的构成要素。

从体育与建筑、绘画、雕塑的关系来看,我国体育的发展史的考证与考古工作开展,很多参考资料都是通过早期人类的绘画艺术整理而来。在体育的发展过程中,人们通过绘画记录这一丰富有趣的社会生活。此外,伴随着体育的发展,体育作为一种艺术创作灵感来源,在很多绘画、雕塑艺术中都多次出现,运动者的运动美、精神美等方面给予人们艺术创作的灵感。如古希腊伟大的雕塑家米隆公元前5世纪的雕塑作品《掷铁饼者》一直保留至今,具有较高的雕塑艺术和文化价值,雕塑家罗丹以运动员健美的身体为模特,创造出了著名的《运动员》铜塑。体育与建筑的融合更是非常普遍,令人赞叹人类的创造力。从古希腊体育场的历史文化价值,到当今很多标志性体育场的重要建筑价值与文化价值,体育与建筑相互成就,促进了彼此各自领域的不断发展,如我国的"鸟巢"和"水立方",就是建筑史上的经典之作,现代体育场馆对体育建筑不断提出更新更严格的标准,促使新型现代空间结构的出现。

体育文化可以促进不同地区人们的文化交流。全球化过程中,跨越国家和地区的人们的思想认识、价值观念等方面产生了一定的变革;不同民族、不同地区文化发展水平的差异性,会造成不同文化形态间的冲突与对立。体育文化活动的开展,往往更强调和突出和平与平等,是体育文化与世界多元文化融合的产物,对于解决冲突与矛盾具有积极的意义。

体育文化活动的开展是一种很好的传承一个国家、地区、民族体育文化的方式,体育赛事的举办可以吸引不同地区的体育运

第八章 大学生体质健康教育与社会性促进

动爱好者、民族民俗爱好者、社会工作者去各地了解、认识具体的体育文化形态、表现以及体育文化背后的体育精神、文化心理,这对于体育文化的传播与传承具有积极意义。

4. 体育可促进人与自然和谐发展

环境是影响人类社会发展的重要因素,随着人类社会的不断发展,人们赖以生存的自然环境不断恶化。一方面,可以说这是人类发展所必经的道路,发展毕竟需要消耗资源、占用土地,而另一方面,当人们开始意识到环境破坏造成的危害及其治理的重要性后,便开始极力保护环境。

社会的发展离不开一定的自然环境,自然环境是社会发展的重要物质基础,体育可以促进人们对环保事业的重视,有助于促进人与自然和谐发展,能为人类社会自身的科学可持续发展奠定重要的物质环境与条件基础。

随着现代社会的不断进步,人们在充分享受城市化发展带来的便捷的同时,也更加注重亲近自然。"人性回归自然"被广大体育运动爱好者与社会环保人士积极倡导,终日生活在城市的钢铁水泥丛林中,这使人对自然在情感上亲近,在行为上爱护自然,心理上离弃大工业城市的污染和混杂,并且开始对人与自然和谐相处有所崇尚。体育运动能让人们更多地走向户外与大自然亲近,这对于大众身心健康发展和环保意识不断提高具有促进作用。

竞技体育的发展中,一些体育项目(尤其是户外运动项目)赛事本身对环境有较高的要求。重大赛事举办方也肩负着履行环保责任、进行环保宣传的重要任务,例如,作为全世界的重大体育盛会,奥运会的举办总会在世界范围内产生深远而广泛的影响,在奥运会之前的申奥阶段,对申请举办奥运会的城市与国家的环保考核是非常重要的一个考核内容,政府会加强公众环境意识的宣传,促进公众环保意识的发展。在参与奥运会时,公众易于意识到环境的变化,体会到环境的价值,从而树立其环境保护的意识。从1994年开始,奥林匹克运动会致力于绿色奥运模式的建造,2008年北京奥运会的申办也在环境保护问题上做出了许多努力,绿色奥运是北京奥运会举办的一个重要理念。奥运会各类各项赛事举办期间,政府会利用奥运会的影响力,对公众形成广泛而深刻的影响,其在环保方面的影响有很高的社会覆盖率。举例来说,奥运会的举办牵动多个行业,各种环境污染的预防和治理都能为以后环保工作的开展提供有效参考,一场奥运会的举办,能浓缩各种环境问题,既有建筑、建材、工艺、服装、器具等硬件导致的污染问题,也有人们的观念及行为等软性因素对环境的影响。作为影响广泛的大型赛事,奥运会期间成功处理环境问题的经验,具有普适性,能为其他方面和领域的环境问题治理提供良好的参考和借鉴。

二、体育健身与社会活动

（一）体育健身与社会行为

社会行为,是由社会刺激而引起的个人行为,或由个人行为引起的他人的或群体的行为。[1]社会行为与个人的健康有非常密切的关系。

社会行为包括多种类型、性质的行为,体育健身是社会行为中的一种积极、健康的社会行为,有助于促进运动者的身心健康。

现代社会,生活、工作节奏快,各种行业发展和社会关系高速运转,往往会给很多人带来精神压力和身心疲倦,给现代人的身心健康带来了威胁。很多人为了缓解生活与学习、工作压力,都希望有一种健康的自我放松形式,无论是学生群体还是上班族,都有相当一部分人有着不健康的休闲行为,如沉迷电子游戏、抽烟、酗酒、暴饮暴食、熬夜刷剧等。这些不健康的生活与行为方式,严重损害了个人的健康(表8-1),也使得整个社会形成不良的社会风气。

---

[1] 朱梅.大学生健康教程(第二版)[M].南京:南京大学出版社,2004:96.

第八章　大学生体质健康教育与社会性促进

表 8-1　不良行为方式对健康的影响

基本	饮食不当	酗酒	吸烟	运动不足	精神紧张
心脏病	++	+	++	++	++
中风	++	++	+	++	++
高血压	++	++	+	++	++
肺癌	—	—	++	—	—
糖尿病	++	++	—	++	++
骨质疏松	++	++	+	++	—
营养失调	++	+	—	—	++
溃疡病	++	++	++	—	++

注：++表示"高度损伤"；+表示"危险"；—表示"无直接关系"

体育运动作为一种健康的生活与行为方式，受到越来越多人的喜欢，不断地融入更多人的日常生活，通过参与体育游戏和体育项目，有利于释放人们的身心压力。越来越多的人已积极投身于运动，身体力行参与其中，体验"生命在于运动""运动使人快乐"，丰富身体和心灵享受，从而收获健康。

（二）体育健身与社会休闲

现代人的生活不规律是影响现代人身心健康的一个重要因素。现代人，特别是现代的年轻人普遍精力较为旺盛，同时，现代社会对身心能量的消耗很大，但是仍然有相当一部分年轻人，认为自己年富力强、精神旺盛，肆意挥霍健康，很多年轻人作息时间无规律、娱乐休闲无节制、纵欲过度，透支健康。

行为学家认为，对不良生活和休闲方式仅仅依靠压抑和控制，只能收到局部的、暂时的效果，而且这种压抑和控制长久不能找到一条适当的发泄渠道，反而会被积聚下来，爆发出人们难以预料的恶性事件，而让各种不良情绪和行为在一个可控制的范围内发泄的最好途径是体育锻炼。

体育运动项目众多，不同的体育健身内容与形式能充分满足当代人的所有休闲需求，无论男女老少，都能找到适合自己、自己喜欢的体育运动休闲娱乐活动。

就大学生群体来说，他们喜欢自由、敢于冒险、乐于挑战，同时处于从学校走向社会的过渡阶段，渴望融入社会，因此，人际交往成为青年人融入社会、适应社会的关键。参与体育健身活动还有助于以体育为媒介促进青年人人际交往。

体育健身除了具有健身、休闲、娱乐功能外，还是一种自我学习、自我完善的教育过程。它包括学习运动技术、发展体能、培养人际交往的能力、增强自信心、培养协作精神和竞争意识等，能拓展大学生的生活环境和生活内容，促进学生之间的交往，使他们在活动中相互鼓励、平等交流，有助于建立良好的人际关系，提高社会适应能力。

第二节 体育健身对大学生社会适应性的积极影响

一、体育健身可提高大学生身心素质竞争力

个体进入社会并融入社会，首先要有良好的身心素质，然后才能在复杂的社会环境中逐渐适应社会，才能最终实现个人理想与价值，体育健身可强身健体、完善心理，促进大学生身心状况的良好发展，这是体育健身带来的最直接、最重要的个体影响，关于体育健身对大学生的身心健康促进在本书第六章与第七章进行了详细介绍，这里仅简要概述如下：

（一）增强大学生体质

坚持参与体育健身锻炼，可以增强大学生的体质，对于大学生在当前学业和日后就业压力下，能有效提高个人的身体抗压能力，预防和缓解亚健康状态，提高机体适应力与疾病抵抗力，能更好地完成学习与工作任务。

第八章　大学生体质健康教育与社会性促进

（二）完善大学生心理

大学生从学生身份转换为社会身份的过程，需要有良好的心理承受能力，能在尽可能短的时间内适应复杂的社会环境，这对个体的心理素质来讲具有较高的要求，大学生必须具备良好的心态、坚强的意志、正确的价值观与道德观以及缜密思维和个人行事风格去面对在初入职场可能面临的各种困难。

当前，亚健康已成为一种普遍的社会现象。经常参与体育健身锻炼，有助于大学生恢复体力与精力，身心愉悦，更好地去从事各种学习、工作与社会生活，为大学生的社会参与奠定良好的身心基础。

需要特别指出的是，大学生参与体育健身锻炼，应尽量选择自己喜欢和能让自己放松的体育健身锻炼内容与形式。研究表明，优化锻炼造成的情绪影响是促进锻炼习惯的养成与锻炼坚持之间关系的一个重要方式。[①] 个体在进行体育健身锻炼时的情绪反应可能会影响个体参加体育健身锻炼时的心态，即如果体育健身锻炼过程中有愉悦感、成就感，个体的体育健身锻炼愿望就会增加，会形成一个良性循环。

二、体育健身可提高大学生的人际交往能力

（一）增进交往与沟通

人具有社会属性，现代社会分工日益密切，人不可能脱离其他人独自生活和完成学习、工作任务，要在社会中生存与发展，就必须与他人交往。随着社会的不断发展，现代社会体现出越来越频繁的人际交往，人与人之间的交往更为亲密，人际关系尤为重要。体育健身有助于提高大学生的人际交往能力。

[①] 丁坤.大学生社会体格焦虑、锻炼动机与锻炼行为之间的关系研究[D].扬州：扬州大学，2018.

调查显示,在大学生与舍友交往状况中,大多数大学生都能与室友和睦相处,有 47.7% 的大学生能与陌生人交往自如,多数大学生习惯于被动与陌生人交往。另据调查显示,绝大多数大学毕业生能够与朋友、同事和睦相处(表 8-2、表 8-3)。[①] 还有一个有趣的发现,大学生进入社会越久,随着年龄的增长,大学生与他人交往的能力会逐渐增强,而具有丰富的体育运动爱好的大学生,往往要比同龄人具有更好的人际交往能力。因此,可以断定,与年龄相伴的社会阅历与体育健身对个人交往能力有重要的影响。

表 8-2 大学毕业生与同事的交往情况调查

N = 398

交往情况 人数占比	很好、比较好	一般	较差、很差
人数	302	90	6
比例	75.88%	22.49%	1.63%

表 8-3 大学毕业生与朋友的交往情况调查

N = 398

交往情况 人数占比	很好、比较好	一般	较差、很差
人数	119	67	12
比例	80.11%	16.77%	3.12%

当前,我国各高校非常重视大学生的校园体育健身活动,在体育教学中,通过丰富多彩的体育教学内容和体育教学活动,实现"促"交往、"养"人际、"扩"人脉(视野),在体育课选修课教学中,把学生班级、年级、院系和专业统统打乱,不同院系、不同班级学生聚在一起上课,通过体育部、团委、社团活跃校园文化,丰富学生的课余文化生活,增进同学们之间的感情,充分利用体育的社会功能提高学生交往能力。在学校体育教育促进和全民健身大环境下,大学生也开始越来越充分认识到体育健身对促进个人

---

① 丁晖.大学生社会适应能力培养研究——以南京工业大学为例[D].南京:南京工业大学,2012.

第八章　大学生体质健康教育与社会性促进

人际交往的重要作用(表8-4),近年来,大学生体育健身参与人数正在持续不断地增多。①

表8-4　大学生对体育健身与人际交往关系认知调查

认知内容	认知情况	人数百分比(%)
体育健身是否能和谐人际关系	是	65.1
	不确定	32.8
	不是	2.1
体育健身是否能提高人际交往能力	是	39.1
	不确定	38.0
	不是	22.9

体育健身过程中,人与人、团体与团体之间的沟通,不仅仅是语言的沟通与表达,还表现在肢体语言表达方面,体育运动练习能使运动者的表达能力(包括语言表达能力、表情表达、肢体表达等)更加丰富。

现代社会中,人际交往不可避免,人际交往非常重要,重视个人人际交往能力的不断提高对于促进个人的发展是具有积极意义的。一个人要想融入其中就必须要与他人建立起良好的人际关系,如此在日后开展学习或工作时才能有大家彼此帮助,事半功倍的效果。

(二)促进竞争与合作

1. 体育健身对大学生竞争意识与能力的促进

现代社会处处充满竞争,一个没有竞争意识的人,很难在社会中持续生存下去,人要适应社会发展,就必须学会竞争,提高自我竞争能力。

大学期间,评优、保研、社会实践,存在竞争,进入职场后,竞争更加激烈。有很多大学生竞争意识不强,初入社会,往往会不

---

① 凌文杰.高校体育活动与大学生社会交往能力的关系研究[J].运动,2017(9):57-58.

适应社会竞争,而在日常的生活与工作中产生挫败感,而经常参与体育运动,尤其是有过参与竞技性体育运动经验的大学生,他们的适应性要比一般大学生好很多。

经常参与体育运动有助于强化大学生的竞争意识。不论是参加体育运动比赛,还是参加竞争性体育运动游戏,为了更好地表现自我,在比赛、游戏过程中,同伴们的相互鼓励和决心,自身的求胜意识,以及对手的影响,可令个人养成竞争意识。

参与对抗性强的体育健身活动,可促进大学生的竞争意识与竞争能力在潜移默化中逐渐提高,很多体育运动项目的竞争性表现为在完成对抗、实现攻防目的的过程中,往往要受到来自各个方面的挑战和阻碍,其中有对手的、环境的、自身心理和生理上的,大学生参与体育运动过程中要克服这些内外因素的影响、力求达到目标,就必须不畏困难、勇于进取、敢于竞争,这对大学生的社会竞争力提高有重要促进作用。

2. 体育健身对大学生合作意识与能力的促进

竞争与合作是一对矛盾,有竞争就必然会有合作,此外,现代社会分工复杂,任何一个个人单凭自己的力量是不可能在社会竞争中取得长久的胜利的,一个人的竞争力始终有限,必须与他人进行合作,增加竞争获胜的可能。任何一项工作的完成都必须依靠团体的力量进行,否则很难达成既定目标。

体育运动健身能培养个体的团结协作精神,在集体对抗型体育健身活动中,参与者需要通过与同伴的默契配合来赢得胜利,比赛过程中,就不仅要依靠个人,还要重视同伴之间的配合与协作,强调协作意识和协作能力。可见,体育运动对于个体的集体协作精神的培养具有重要作用。同伴之间相互协作、配合的运动体验可以加深个体与人协作的意识,使个体学会与人沟通、善于与人合作。

三、体育健身可提高大学生的社会角色适应与胜任能力

（一）提高角色适应能力

体育健身可促进大学生体验社会角色，提高角色适应能力。

参与体育运动健身，个人在体育活动中可以有机会体验不同的社会角色，如学员、同伴、观赏者、评判者等，无论是直接参与还是间接观赏体育活动，都能让大学生体验丰富多彩的角色和角色情感。

大学生在不同的体育活动参与过程中，所承担的角色不同，个人立场和思维方式就不同，对不同活动角色的情感体验也会不同。通过体育健身过程中丰富多变的角色扮演、角色转移、角色情感体验，可以丰富大学生的情感、思维、认知。

人在社会中学习、生活、工作，也需要面临不同的社会角色，如学生、家人、朋友、同事、竞争者、领导者等，这些不同的社会角色的定位与角色的转换也是根据社会的需要确定的，面对不同的事件与人物，个人角色发生了变化，心态和为人处事方式也会发生变化。

体育运动健身参与能为大学生提供更多的社会角色"预演"，能帮助大学生丰富待人处事的经验、情况与阅历，可促进大学生提高角色适应能力。

（二）提高创新与领导力

体育健身可促进大学生胜任社会角色，提高创新与领导能力。

体育运动健身是一个开放性的个人或群体活动，这个过程中可能会遇到各种各样的问题，要顺利实现个人健身目的，就必须学会处事不惊、积极应对、灵活变通，因此，参与体育健身活动，有助于提高大学生处理问题的能力，提高创新、领导、决策能力。

首先，体育运动健身过程中，不同的运动者都会尝试不同的

技术动作、战术动作、动作组合与套路等,这会在无形中形成一种创新意识。

其次,经常参与体育运动健身有利于培养运动健身者的良好思维能力、应变能力、创新意识和开拓精神。这种优秀品质不仅表现在运动场上,而且也会迁移到日常的生活、学习、工作中。

最后,在集体性体育健身活动中,各种活动的组织、协调、决策,需要有一个团队核心人物来发挥作用,以团队形式参与体育活动,不仅要求运动者具备良好的个人技术,还需要整个团队协同配合、各展所长、顺畅沟通和配合默契。因此,体育健身活动参与有利于培养大学生的创新、竞争、合作、思维、决策、领导等能力,可以有效提高运动者的团队意识和团队管理能力,可在团队和小组活动中发现、培养和锻炼出领导者。

四、体育健身可促进大学生的社会参与和规范个人行为

(一)促进社会参与

体育是一种社会文化,体育活动开展是一种社会行为,大学生参与其中,可促进大学生的社会意识的增强。

首先,社会参与的自由和平等。任何人都可以参与到体育健身活动中去,充分实现了平等。这种平等参与、平等拥有、友好相处的氛围必将帮助大学生以平等的观念融入大学生的日常生活中去,成为一种社会共识。

其次,付出与收获的公平性。参与任何一项体育运动都必须长期坚持,才能收到预期的效果,任何一个大学生参与体育健身活动都可以通过自身的努力获得成功,体育健身活动参与有助于培养大学生拼搏进取的人生观。

最后,体育健身活动参与可引导大学生崇尚知识、不断学习知识。运动实践表明,要想取得理想的体育健身效果,就必须坚持长时间的体育健身活动,在参与体育健身活动过程中,不断重复各种技术动作。体育健身不是"四肢发达、头脑简单"的运动,除了身体上的不断练习,还要掌握必要的理论知识以指导体育健身实践,知识具有重要的思想与行为指导作用,它使大学生的体育健身活动参与更科学、健身效果更好。现代社会,丰富的知识储备是个体不被社会淘汰的一个重要基础。大学生走出校园、进入社会,无论从事哪一个行业,都要身心积极学习、参与,才能有所收获,有所成就。

(二)规范个人行为

体育运动发展到现在,体育运动项目繁多、体育活动形式多样,但无论开展哪一种类型的体育运动形式与活动,都需要遵守一定的运动或活动规则,所有参与体育活动的人,都应该自觉养成遵守规则的行为习惯。

在体育运动项目比赛中,规则意识表现得尤为明显和重要。

在体育运动比赛中,任何规则所不允许的比赛言行,不仅要受到规则的严厉处罚,同时还要受到社会规则和社会公德的谴责,情节严重的还将受到法律的制裁。

体育运动比赛对于运动员的技术动作有着严格的要求,明确指出什么动作能做,什么动作不能做,可以完成的动作应具有哪些具体的技术标准和要求。

体育的道德精神和竞赛规则,保证了双方在公平合理的条件下展开攻防对抗,保护健康文明和积极合理的行为,限制粗野动作和不礼貌、不道德的行为。

参与体育运动的人在长期"不断提醒与规范行为"的环境中,会逐渐理解与遵守规则,这种"规则意识"会延伸到运动者的日常生活中,形成对社会规范、社会道德的遵守。

五、体育健身项目与活动对大学生社会适应力的影响程度分析

（一）不同运动项目对大学生社会适应力的影响程度

体育运动健身有助于大学生的社会适应能力的提高，这已经得到了越来越多人的认可，为进一步了解不同体育运动项目对运动者的社会适应力的影响程度，有学者做了详细的调查分析，这里通过参考崔秋月的调查分析，整理分析大学生体育健身项目与活动参与和大学生社会适应力之间的关系，以方便大学生结合自己的运动兴趣爱好，选择对自我社会适应力发展影响最大的体育运动项目与活动开展健身锻炼。

1. 不同体育项目内容的社会适应力影响

调查分析，参加不同的体育锻炼项目对社会适应力的影响呈现不同情况。概括来讲，参与球类运动项目，活动开放性大，不确定因素更多，且多为集体活动，长期参与此类活动，大学生的个人社会适应力会处于一个相对较高的水平，参与篮、排、足三大球类项目对大学生的社会适应力影响尤为积极（表8-5）。

表8-5 不同体育运动项目对大学生社会适应力影响

体育项目	N（人数）	社会适应力指数 Mean（平均）
篮球、排球、足球	76	36.25
网球、羽毛球、乒乓球	104	30.32
游泳、轮滑	38	24.00
健身器械、台球	38	21.58
健美操、体育舞蹈、体操、瑜伽	50	14.85
散步、跑步	54	8.53
太极拳、武术套路、散打	16	5.04
其他	8	2.59
合计	384	23.62

第八章 大学生体质健康教育与社会性促进

就大学生的体育运动健身锻炼项目的参与类型来说,大学生的社会适应力表现,以个人为主的体育运动项目的社会适应能力明显低于以集体形式为主的体育运动项目的社会能力。

2. 不同体育健身频率的社会适应力影响

通过利用单因素方差分析学生参加体育锻炼不同次数对社会适应力的影响,大学生的体育锻炼频率(次数)与大学生的社会适应力得分成正比例关系,一周参加 4～5 次及以上次数体育运动的学生社会适应力的平均得分明显高于只参加 1～3 次的学生社会适应力的平均得分(表 8-6)。

表 8-6 体育运动健身频率对大学生社会适应能力的影响

健身频率	社会适应力指数 Mean(平均)	F(方差 T 检验)	Sig.(显著性)
1～2 次	23.23		
3 次	23.68	11.109	0.041
4～5 次	26.45		
5 次以上	28.00		

3. 不同体育健身时间的社会适应力影响

近年来,我国大学生参与体育健身锻炼的积极性和之前相比有了较大的提高,很多大学生能每天坚持体育锻炼。

研究表明,大学生的体育健身锻炼时间与大学生的社会适应能力的提高之间具有密切的关系,锻炼时间过短或过长都不利于大学生的社会适应能力提高。当前,大多数大学生的每次体育健身时间在一小时以内(表 8-7),这一锻炼时长是有助于大学生的社会适应力提高的。健身锻炼时间太短,无法充分与人沟通和交流;健身锻炼时间太长,身体疲劳会无精力与人交流。

因此,对于大学生来说,要想通过体育健身锻炼来提高社会适应能力,提高自我人际交往能力,应合理控制体育健身锻炼时间,半小时以上、一小时以内的体育健身锻炼时间安排是适宜的。

表 8-7 健身时间对社会适应能力的影响

健身时间	N（人数）	社会适应力指数 Mean（平均）
30 分钟以内	152	21.96
30～60 分钟	172	25.56
1～2 小时	54	22.67
2 小时以上	6	18.67
合计	384	23.62

4. 不同体育健身程度的社会适应力影响

参加体育锻炼时，健身程度表现不同，社会适应能力也不同，运动者呈"大汗淋漓"状态说明其能全身心投入到体育健身锻炼中去，能积极主动和充分与人沟通，往往人际关系要更融洽（表8-8）。

表 8-8 锻炼程度对社会适应能力的影响

健身程度	N（人数）	社会适应力指数 Mean（平均）
没有感觉	12	20.00
微微出汗	44	20.68
中等出汗	220	23.78
大汗淋漓	108	24.78
合计	384	23.62

5. 不同体育健身形式的社会适应力影响

体育健身锻炼可促进人与人的交流，体育健身活动参与中，健身形式不同，对运动者的社会适应能力的发展促进作用不同，一般来说，个人体育健身锻炼中，缺乏与他人的必要沟通、交流，并不会对个人社会适应力有很好的发展帮助作用。而以群体的形式展开的体育活动中，人与人之间的互动频繁，更有机会使运动者彼此接触、提高人际交往能力。但是，必须指出的是，并非参与群体体育健身活动就一定能提高个人的社会适应与交往能力，如果运动者在体育运动参与期间，回避与人交流，或者与其他运动者接触少、交流少,则在本次的体育健身活动中对个人的社会适应力的发展影响就较小。

(二)不同运动项目对大学生社会健康水平的影响

大学生社会健康水平受多种因素的影响,一般来说,城市大学生社会健康水平明显高于乡村大学生;不同学科之间的大学生社会健康水平,依照理科、文科、艺术的顺序逐步提高。

结合地区、专业、运动锻炼类型对比分析,大学生要实现很好的健身锻炼效果,大学生的健身锻炼量应该在中等锻炼以上为宜,大学生参加体育活动,要提高社会健康水平,应优选合作类项目。[1]

第三节 大学校园体育文化环境建设

一、大学校园体育文化建设的必要性

(一)推动体育教育活动开展

校园体育文化与学校的整体发展目标、校风、学风等都具有非常密切的关系,大学校园体育文化建设,能影响大学师生、教育工作者与管理者的体育意识、文化意识,有助于形成良好的校园体育文化氛围,方便体育教学、体育课外活动开展。

(二)完善校园管理

校园体育文化内涵丰富,如开拓精神、顽强拼搏精神、集体主义精神、公平竞争精神等。这些精神能对校园体育文化参与者起到引导作用。

---

[1] 宋子良,张俊杰.体育活动与大学生社会健康关系调查[J].现代预防医学,2011(16):3248-3250+3252.

校园各项教学或非教学活动的组织与管理，都必然需要在校管理者、师生、后勤人员的直接参与或间接配合，校园体育文化所营造出来的文化氛围，其在潜移默化中所起到的约束作用与引导作用能实现对在校人员的更完善的管理。

校园体育文化强调个体和群体的自我管理，是一种自我约束管理，更具有说服力，管理效果更好。

（三）增强校园凝聚力

校园体育文化建设覆盖每个在校教育工作者、在校学生，体育文化体现了在校师生的体育价值观、道德观以及心理的共同诉求，校园体育文化是一种群体文化，具有强烈的群体凝聚力的作用。

各种丰富多彩的校园体育活动的开展，能有效增加校园领导与领导、领导与教师、教师与教师、教师与学生、学生与学生等之间的联系，促进沟通、了解，可以融洽校园人际关系、增强校园群体凝聚力。

（四）促进全民健身开展

大学校园是重要的教育基地、文化传播基地，良好的大学校园体育文化建设，有利于培养一批具有良好的体育意识、具备专业和完备体育技能的体育人才，这些体育人才不仅能成为未来全民健身队伍中的骨干力量，还是未来全民体育的主要参与者，可促进我国全民健身的有序推进。

二、校园体育文化建设的内容

（一）物质文化

校园体育物质文化是一种实体文化，看得见、摸得着，是校园体育文化建设的"硬件"和"地基"，具体包括以下几方面内容：

（1）体育运动形式。
（2）体育场馆、器材、设施等。
（3）体育教材、文献、书籍、音像制品等。
（4）体育雕塑、建筑、广场等。
（5）体育标语、画册、文字等。
（6）体育师资。

（二）精神文化

校园体育精神文化，又称"体育价值观"，是指校园内全体师生及工作人员的共同的体育观念、精神、风尚与道德，具有良好文化环境和氛围的校园，其校园内部师生之间的关系是融洽的，群体思想更加一致、群体行为更加协调，校园体育精神文化具体包括如下内容：

（1）体育观念：体育价值认定。
（2）体育精神：校园文化活动中积淀、整合、提炼出来的精神品质。
（3）体育风尚：校园文化活动中形成的普遍、自觉的体育行为和习惯。
（4）体育道德：校园体育运动中表现出的道德水平。

（三）制度文化

校园体育制度文化是一种综合文化形态，介于校园体育物质文化与校园体育精神文化之间，是一个小的文化体系。

校园体育制度文化具有强制性，包括以下两个方面：
（1）体育传统：具体是指学校各种体育活动中形成的一种稳定、统一的行为风尚。
（2）体育制度：具体是指学校与体育相关的各种规章制度。

三、校园体育文化环境建设的途径

大学校园体育文化的建设要求大学校园应具备良好的文化环境,这个文化环境建设与文化建设本身是分不开的,因为在校园体育文化的建设过程中也会形成校园体育文化影响力,这个影响力就是一种文化氛围或说是一种文化环境。

现阶段,校园体育文化及其环境建设的可操作性途径具体分析如下:

(一)提高校园体育文化建设意识

校园体育文化及其环境建设,需要学校领导者的支持,需要师生的共同参与与维护。

进行校园体育文化建设,离不开校领导的重视和支持,就当前发展形势来看,应将校园体育文化建设的首要任务放在唤醒校领导的体育认知上,只有使校领导以及有关体育主管部门转变观念,充分认识到校园体育文化及其环境建设的重要性,才能为校园体育文化及其文化建设奠定组织基础,各项工作开展才能得到支持。

在校师生是校园体育文化建设的参与者,也是校园体育文化环境的维护者,体育教师对校园体育文化的认知程度越高、对其重要性理解越透彻,就越能身体力行积极参与和推进校园体育文化建设。应不断提高教师体育素养,真正开展体育教学,科学引导学生积极参与体育课外活动,为学生营造良好的体育学习、参与氛围,通过教师的引导和身体力行,积极投入,并带动学生共同促进校园体育文化建设。对学生与校园体育文化及其环境建设来说,学生的体育参与对校园体育文化建设具有重要意义,应鼓励学生参与体育文化活动,应不断提高学生的体育文化素养,使学生愿意为本校的体育文化及其环境建设建言献策,并能积极维护校园体育文化环境,爱护体育设施及公物,乐于进行体育宣传和积极参与其中。

(二)优化教学提高学生体育素养

首先,不断完善体育理论课教学,宣传体育思想、丰富学生体育文化知识,让学生能够全面地、系统地掌握体育知识,了解体育文化,提高体育文化修养,积极参与体育活动。

其次,进一步丰富和完善体育实践课教学,丰富理论课教学形式,尽量体现出多样化、个性化,促进学生锻炼身体、掌握运动技能,充分利用体育实践课的层次性与实践性,切实提高学生的体育运动水平,为其参与各项体育文化活动奠定必要的运动素质基础和技能基础。

最后,丰富体育课外活动,提高学生的体育学习与参与兴趣,吸引越来越多的学生积极参与到体育活动中来,如通过开展体育知识讲座、体育知识竞赛、体育单项俱乐部活动、校园体育竞赛、体育文化节等,提高学生的体育学习兴趣,为学生参与体育活动提供科学指导,为学生提供一个展示个人才华的平台,丰富和增进学生的体育情感(如成就感、集体荣誉感、责任感)。丰富在校师生校园业余文化生活、培养学生的体育意识并养成参与体育活动的习惯。

(三)加强校园特色体育文化建设

在我国广袤的土地上孕育着诸多丰富多彩的民族体育文化,不同的地方具有不同的体育观和兴趣爱好,有着多元化的民族体育文化内容与形式,因此,在开展校园体育文化建设时,可以在国家体育教育教学规定的范围内,结合本校地理特点、民族文化特点,积极开展具有地方特色的、符合本校实际与文化风格的特色体育文化活动,使之成为本校的体育文化标签,提高师生体育文化建设与文化环境维护意识。

（四）完善校园体育物质文化环境

学校的体育物质文化建设是整个校园体育文化建设的基础，建设体育物质文化与建设良好的物质文化环境，应做到以下几点：

（1）提高体育物质资源的利用率，充分利用学校已具备的器材和场馆，并注重体育资源的维护与循环再利用。

（2）加大资金投入，最大限度地满足教学需求和学生体育锻炼的物质要求。

（3）加强管理与维护，减少损耗，延长使用寿命。

（4）重视校园体育物质资源的高效管理、使用，为体育设施设立"说明牌"，指导学生科学使用和安全健身，营造良好健身氛围。

（5）合理规划体育设施空间，确保校园体育场地、场馆、设备布局合理、安全、干净、整洁、卫生。

第四节 大学生社会体育活动的积极参与及融入

一、大学生社区体育宣传

（一）社区体育文化

社区，指具有某种互动关系和共同文化维系力的人进行一定的社会活动的区域。随着现代社会的不断发展，社区已经发展成为人与人之间联系的一个重要基层区域。

全民健身时代，大众体育参与热情高涨，社区内的各类体育活动越来越普遍，社区体育文化成为社区文化不可缺少的一部分，社区体育文化活动成为社区居民生活的重要内容，也是全民体育文化活动的主要内容。

（二）大学生的社区体育参与

大学生在校期间是学生身份,在家庭与社区中是子女与居民身份,学生不仅是家庭成员,也是社区成员,他们在校园之外的时间是在家庭、社区中度过的,社区的体育氛围可以充分影响到学生,学生也可以成为社区体育文化建设中的一员。

一方面,学生参与社区体育文化活动,面临的是人际关系复杂,年龄阶段各异,具有不同社会背景、职业、教育程度的人,人际交往相较于学校的师生接触更加广泛,有助于提高学生的社交能力。

另一方面,大学生在假期中的校外活动时间,在社区体育活动参与中可以承担重要的活动角色。当前我国社区体育指导员比较缺乏,而学生在学校接受的是较为专业和系统的体育教育,因此,具有"一技之长"的学生可以在社区体育活动中充当"教师"和"指导员"的角色,能指导社区群众开展体育活动,促进社区体育文化建设。

二、大学生村官的体育指导职责

（一）大学生村官简述

大学生村官工作是我国十七大以来党中央作出的一项重大战略决策,通过大学生到基层的任职,培养一批合格的社会主义新农村建设骨干人才,大学生村官的工作管理及考核比照公务员有关规定进行。

（二）大学生村官的社会体育指导培训

大学生村官工作是建设社会主义新农村的人才工程。随着越来越多的大学生村官在农村的工作得到肯定,大学生村官的基础群众工作指导与引导作用得到了重视,随着我国群众体育工作的持续推进,我国各地逐渐确立在广大农村真正实现全民健身的目标,敏锐地抓住大学生当村官的机遇,依托这支优秀的力量推进农村群众体育工作。2009年,淮安市委组织部在推进大学生村官创业富民工程的同时,在全国率先开展了大学生村官社会体育指导员培训工程,在具体的大学生社会体育指导培训系统工作开展过程中,对大学生村官进行健身知识培训,实施"六个一"工程,即成立一批体育组织,召开一届村综合性运动会,编印一本农村体育教材,组织一次大学生村官全民健身展示运动会,普及一套农民健身操,举办一次巡回科学健身知识讲座,打造大学生村官培养与锻炼的新载体,也为开展农村群众体育打造了新发展局面。①

通过对大学生村官进行社会体育指导培训,可以提高村官的综合素质,增强他们服务基层、服务群众的本领和能力,使大学生成为优秀的农村基层体育组织者、指导者和宣传者,使农村体育活动得到广泛开展。

---

① 陈艳.对淮安市实施大学生村官社会体育指导员培训工程模式的研究[D].苏州:苏州大学,2011.

参考文献

[1] 黄开斌. 健康中国——国民健康研究 [M]. 北京：红旗出版社，2016.

[2] 毛亚杰. 大学生健康教育 [M]. 北京：北京理工大学出版社，2014.

[3] 刘星亮. 体质健康概论 [M]. 北京：中国地质大学出版社，2010.

[4] "健康中国2030"规划纲要 [Z]. 北京：人民出版社，2016.

[5] 王志苹. 运动营养基础研究 [M]. 北京：人民体育出版社，2015.

[6] 廖八根. 运动医学 [M]. 广州：广东高等教育出版社，2015.

[7] 郎朝春. 健康体适能与运动处方 [M]. 北京：北京理工大学出版社，2013.

[8] 毕旭辉. 孕妇饮食营养和健康保健与母婴健康的关系 [J]. 心理月刊，2019（17）：88.

[9] 匡文娥. 妊娠期妇女合理运动的研究探讨 [J]. 基层医学论坛，2019（19）：2811-2812.

[10] 尹亚楠，罗碧如. 妊娠不同时期孕妇对运动的认知及现状调查 [J]. 护理学杂志，2015，30（2）：17-20.

[11] 陈文鹤. 健身运动处方 [M]. 北京：高等教育出版社，2014.

[12] 凌文杰. 高校体育活动与大学生社会交往能力的关系研究 [J]. 运动，2017（9）：57-58.

[13] 李苗苗, 琚伟. 高校体育活动对大学生社会适应能力的研究 [J]. 生物技术世界, 2015（7）: 181.

[14] 丁坤. 大学生社会体格焦虑、锻炼动机与锻炼行为之间的关系研究 [D]. 扬州: 扬州大学, 2018.

[15] 丁晖. 大学生社会适应能力培养研究——以南京工业大学为例 [D]. 南京: 南京工业大学, 2012.

[16] 崔秋月. 体育运动对大学生社会适应能力影响的研究 [D]. 苏州: 苏州大学, 2013.

[17] 宋子良, 张俊杰. 体育活动与大学生社会健康关系调查 [J]. 现代预防医学, 2011（16）: 3248-3250+3252.

[18] 陈艳. 对淮安市实施大学生村官社会体育指导员培训工程模式的研究 [D]. 苏州: 苏州大学, 2011.

[19] 刘乐乐. 河南省大学生体质下降的社会学因素分析 [D]. 郑州: 郑州大学, 2015.

[20] 黄明. 赣南师范学院大学生体质健康状况分析及影响因素的探讨 [D]. 武汉: 华中师范大学, 2014.

[21] 胡建, 林雁双. 浅谈大学生的生理特点与青春期教育 [J]. 中国林业教育, 2004（6）: 63-64.

[22] 宋永嘉, 田林钢. 大学生身心发展特征与教师的教育对策 [J]. 华北水利水电学院学报(社科版), 2004（3）: 96-98.

[23] 王春强, 马巍, 李立山. 大学生心理特点分析 [J]. 中国校外教育, 2012（30）: 17.

[24] 黎雅思, 雷诗琪, 韦海妮, 等. 健康中国背景下大学生的体质健康教育研究 [J]. 农村经济与科技, 2019, 30（3）: 293-295.

[25] 郑荣华. 亚健康状态的主要影响因素及防治措施 [J]. 卫生职业教育, 2008（17）: 145-146.

[26] 陈莉, 周伟, 蒲庭燕. 全民健身计划下大学生体质健康促进实施路径研究 [J]. 体育研究与教育, 2018, 33（1）: 48-52.

[27] 李澂. 全民健身的内涵及其现实意义研究 [D]. 长沙: 湖南师范大学, 2016.

[28] 姚明焰.形体训练(第4版)[M].北京：中国劳动社会保障出版社,2016.

[29] 陈补林.促进大学生加强体能训练的对策研究[J].青少年体育,2017（4）：111-112.

[30] 林香菜.大学生体能训练问题及对策探析[J].青少年体育,2019（4）：96-97.

[31] 夏书.浅议大学生体能训练计划的制定[J].品牌(下半月),2013（10）：57.

[32] 王旭冬.体育健身原理与方法[M].北京：北京体育大学出版社,2008.

[33] 武东海.共建共治共享理念下大学生体质健康监测研究[J].武汉体育学院学报,2019,53（9）：22-27.

[34] 孙洪涛,颜亮,张强峰.家校合作：学生体质健康促进的实然与应然[J].体育学刊,2018,25（6）：91-95.

[35] 颜永涛.青少年体质健康促进视角下体育网络服务平台的构建研究[J].当代体育科技,2019,9（9）：223-224+226.

[36] 李超.高校体质健康教育的核心素养干预研究—以东北石油大学为例[D].大庆：东北石油大学,2019.

[37] 朱荣.苏州市高中阶段健康教育专题内容选编及学生需求现状的调查分析[D].苏州：苏州大学,2012.

[38] 谢超杰.大学生健康管理服务体系的构建及初步实践—以华南理工大学为例[D].广州：华南理工大学,2018.

[39] 马翠珍.中学健康教育专题现状调查及教学途径的对策研究[D].西安：陕西师范大学,2012.

[40] 童彦江.邢台市中等职业学校体育健康教育课程开展研究[D].石家庄：河北师范大学,2017.

[41] 抚顺市望花区民主小学.重构学校课程体系,促进学生健康成长[J].辽宁教育,2019（6）：14-16.

[42] 陈福花."健康第一"视域下学校体育健康课程开展的现实困境与走出路径探析[J].课程教育研究,2018（2）：202-203.

[43] 王健,马军,王翔.健康教育学[M].北京:高等教育出版社,2006.

[44] 蒋辽远,刘志浩.青少年体质健康管理的研究与应用[J].中国校医,2014,28(9):708+710.

[45] 张瑾瑜,王君国,鲍桂玲.健康咨询在健康教育中的重要性[J].中国健康教育,1996(4):38-39.

[46] 杨杰.关于有效提升大学生体质健康的路径探讨[J].当代体育科技,2019,9(30):101+103.

[47] 韩洪侠,杨秋霞,李伟.大学生体质健康咨询系统的研究[J].科技展望,2015,25(7):293.